W0041328

# DAS GROSSE
## KÖLN
### Weihnachtsbuch

FÜR
MANUEL,
ROBERT,
JAKOB,
PETER
UND TIMO

CHRISTINA KUHN / KATRIN HÖLLER

DAS GROSSE
KÖLN
Weihnachts-
buch

MIT ZAHLREICHEN FOTOGRAFIEN VON MANUELA JUNG

emons:

# INHALT: KÖLSCHE WEIHNACHTSZEIT

Altstadtpanorama im Advent – mit schwimmendem Weihnachtsmarkt auf der MS Wappen von Köln.

# ALLE JAHRE WIEDER – WEIHNACHTEN IN KÖLN

Köln und Weihnachten – das passt wunderbar zusammen! Lesen Sie beispielsweise, wie der heilige Nikolaus einst großes Unglück von der Domstadt abwenden konnte – mit nur einem Finger! Oder probieren Sie, wie köstlich Wärmer Äädäppelschlot mit Speck schmeckt. Entdecken Sie die Gemeinsamkeit der »Weihnachtskirche« St. Maria im Kapitol mit der Geburtskirche Jesu Christi in Bethlehem, und erfahren Sie, warum es den Dom ohne die Heiligen Drei Könige so nicht gegeben hätte.

Doch Weihnachten in Köln wird nicht nur durch die Kirchenbauten und Heiligen geprägt. Auch manche Bräuche werden schon jahrhundertelang gepflegt: Hier wurden Bohnenkönige für eine Nacht gewählt, Krippen aufgestellt und Kindlein gewiegt, während vor allem im Norden Deutschlands schon längst der Christbaum geschmückt wurde. Im katholischen Köln hält man eben gern an Traditionen fest – genauso wie neue entstehen, denn hier greift das schöne Kölner Motto: Was bereits zum dritten Mal stattfindet, ist Tradition! So singen die Kölner inzwischen nicht mehr nur an Karneval zusammen, sondern ebenso im Advent. Und auch Gewohnheiten wie der alljährliche Weihnachtseinkauf oder der Glühwein mit Kollegen am Alter Markt können zur Tradition werden.

Die Sülzer Weihnachtsstraße ist längst kein Geheimtipp mehr, aber der erste Kölner Wohnzimmer-Weihnachtsmarkt und dass man das Christkind in seinem Engelskirchener Postamt besuchen kann, vielleicht schon.

Finden Sie in diesem Buch eine Fülle von Geschichten, Gedichten und Liedern zu Weihnachten in Köln, schwelgen Sie über Weihnachten in vergangenen Zeiten, über die Entstehung von Weihnachtsbräuchen, die heute nicht mehr wegzudenken sind, und lassen Sie sich inspirieren von den vielfältigen Möglichkeiten, die Köln und sein Umland von Sankt Martin bis Mariä Lichtmess bieten – alles illustriert von aktuellen und historischen Fotos und Abbildungen. Schwelgen in Kindheitserinnerungen ist ausdrücklich erlaubt!

## FROHE WEIHNACHTEN!

Für weitere Informationen und aktuelle Tipps und Veranstaltungen besuchen Sie uns auf unserer Facebookseite:
⊿ www.facebook.com/ pages/Das-große-Köln-Weihnachtsbuch/ 109887489346408

# Weihnachten
## IST NICHT MEHR FERN, WENN …

... am 11. November der Martinstag gefeiert wird. Bis ins 20. Jahrhundert hinein begann schließlich schon an St. Martin die Adventszeit, denn nachdem noch einmal großzügig geschlemmt wurde – die Martinsgans –, herrschte bis Weihnachten Fastenzeit.

Heute ist St. Martin eher ein Fest für Kinder, doch die berühmteste Geschichte des heiligen Martin, des Bischofs von Tours, der am 11. November 397 starb, ist lebendig geblieben, denn sie wird bei vielen Laternenumzügen nachgespielt: Martin soll als Soldat am Stadttor von Amiens einem armen Mann begegnet sein und ihm die Hälfte seines Mantels gegen die Kälte geschenkt haben. Tatsächlich hatte dieser historische Martin eine Verbindung zu Köln, denn er war mit dem hiesigen Bischof Severin befreundet. Angeblich soll Severin sogar in der Todesstunde des heiligen Martin Engelsgesang gehört haben. Vielleicht war das der Grund, weshalb später im Rheinland so viele Kirchen dem heiligen Martin geweiht wurden.

Im heutigen Köln ist das Groß St. Martin. Auch zu dieser Kirche zieht ein Laternenumzug, dem St. Martin auf einem Pferd voranreitet. Ein Martinsfeuer wird entzündet, und es wird – wie könnte es in Köln anders sein – gemeinsam gesungen. Die Schwestern und Brüder der Gemeinschaften von Jerusalem, deren Klosterkirche Groß St. Martin seit 2009 ist, halten am frühen Morgen des Martinstages ein Festgebet zu Ehren ihres Patrons. Später am Tag bleibt die Kirche aber geschlossen, denn in der Altstadt rundherum wird etwas ganz anderes gefeiert: die Eröffnung der neuen Karnevalssession …

Johann Heinrich Hintze, Groß St. Martin im Schnee, 1832, nach einer Lithografie von Anton Wünsch (Blatt 4 der »Sammlung von Ansichten öffentlicher Plätze, merkwürdiger Gebäude und Denkmäler in Köln«, 1827).

## WIE DER WECKMANN ZU SEINER PFEIFE KAM ...

Vor allem in katholisch-rheinischen Gebieten fanden die Kinder auf ihrem Nikolausteller einen Weckmann. Ursprünglich stellte das Gebäck den Bischof Nikolaus von Myra dar, zu erkennen an dem Bischofsstab, den der Teigmann in der Hand hielt. Und da Nikolaus ein großzügiger Wohltäter war, bekamen am 6. Dezember, seinem Gedenktag, auch die Armen einen Weckmann geschenkt. Traditionell feierte man christliche Feste nicht nur allein, sondern bedachte auch immer die Armen und die Kinder mit Gaben. Das Motiv des Teilens passte auch auf den heiligen Martin, ebenfalls ein Bischof, und so wurde der Brauch mit dem Adventsgebäck auch am 11. November praktiziert, dem Gedenktag des heiligen Martin: Nach den Martinsumzügen erhielten die Kinder einen Weckmann – inzwischen allerdings mit einer weißen Tonpfeife in der Hand.

Einem Gerücht zufolge fand der Wandel im 18. Jahrhundert statt, als einem Bäcker die Bischofsstäbe ausgegangen waren. Auf der Suche nach Ersatz wurde er im benachbarten Tabakladen fündig: Die kleinen Westerwälder Pfeifen aus einem speziellen Pfeifenton, der erst nach dem Brennen weiß wurde, konnten umgedreht als Bischofsstab durchgehen. Ein anderer, wahrscheinlicherer Grund, warum der Bischofsstab zur Pfeife wurde, liegt darin, dass seit der Reformation viele katholische Sinnbilder verweltlicht wurden.

Der Theologe und Brauchtumsexperte Manfred Becker-Huberti führt noch eine andere, ganz profane Erklärung an: Im 18. und 19. Jahrhundert konnten sich immer mehr Männer das Rauchen leisten. Tonpfeifen waren deshalb viel praktischer als ein Bischofsstab: Die Kinder konnten wunderbare Seifenblasen machen, die Väter ihren Tabak darin rauchen.

Auch werden Tonflöten des 16. Jahrhunderts als Vorläufer der heutigen Weckmannpfeifen genannt: Der Kölner Ratsherr und Chronist Hermann von Weinsberg berichtet damals von den »gobelcher«, die die Kinder am 6. Dezember in ihren Schuhen fanden. Hierbei handelte es sich um fünf Zentimeter lange Tonflöten, die ebenfalls aus dem Westerwald stammten. In den Katalogen der dortigen Pfeifenbäckereien wurden sie als »Bäcker-« oder »Kölner Flöten« aufgeführt. Nach Adam Wrede sind die »Jöbbelcher« ein altkölnisches Gebäck, ähnlich einem heutigen Weckchen. Sie hatten am oberen Ende ein »Fleutcher« eingebacken und waren ein beliebtes Nikolausgebäck.

# ZUGEKLAPPTE ALTÄRE, VERHÄNGTE BILDER ❄️

Im Kirchenjahr ist die Adventszeit eine Zeit der Besinnung, wie auch die Fastenzeit zwischen Karneval und Ostern. Früher waren sich diese beiden Zeitspannen noch ähnlicher, denn auch im Advent wurde gefastet: Wie in der Passionszeit bereitete man sich dadurch auf ein hohes christliches Fest vor. Im Mittelalter wurde es in deutschen Kirchen Brauch, zu diesen Zeiten die Altäre zuzuklappen und die Bildwerke zu verhängen, um die Gläubigen nicht abzulenken – sozusagen zur Unterstützung der inneren Einkehr. An Weihnachten beziehungsweise Ostern erfreute man sich dann umso mehr an der Pracht der Darstellungen.

In Köln sind es besonders zwei Kunstwerke, die im Advent den Blicken entzogen werden. Das erste ist der Altar der Kölner Stadtpatrone. Dieser um 1442 von Stefan Lochner für die Ratskapelle geschaffene Flügelaltar steht seit 1810 in der Marienkapelle im Dom.

Im geöffneten Zustand (unten links) ist auf der Mitteltafel die Anbetung der Heiligen Drei Könige zu sehen, auf der linken Tafel steht die heilige Ursula mit einigen ihrer 11.000 Jungfrauen und rechts der heilige Gereon mit der Thebäischen Legion. Wenn der Altar im Advent geschlossen wird (unten rechts), sieht man die Außenseiten der Seitentafeln, die die Verkündigung des Engels an Maria zeigen.

Das zweite berühmte Kunstwerk ist das große Rubens-Bild in der Kirche St. Peter. Peter Paul Rubens (1577–1640) hatte das Bild ab 1637 im Auftrag der Kölner Kaufmannsfamilie Jabach gemalt, die es der Kirche als Altarbild stiften wollte. Gar nicht so bekannt ist, dass Rubens selbst einen Teil seiner Kindheit ganz in der Nähe der Kirche, in der Sternengasse, verbrachte und dass sein Vater 1587 sogar in dieser Kirche beerdigt wurde. Seine Beziehung zu St. Peter war also eine ganz persönliche. Das Motiv, das eine Szene aus dem Leben des Apostels Petrus zeigen sollte, suchte er sich selbst aus: die Kreuzigung Petri. Es ist ein sehr eindringliches Bild geworden, das die Qual des Petrus zeigt, der kopfüber ans Kreuz geschlagen wird. Das Bild kam erst nach Rubens' Tod, nämlich 1642, in die Kirche und hängt heute an der Stirnwand des südlichen Seitenschiffs.

Im Advent wird das Bild im Rahmen der sogenannten Kleinen Verhüllung zusammen mit dem Bild »Berufung des Paulus« von Cornelis Schut mit weißen Tüchern verhängt. Bei der Großen Verhüllung in der österlichen Fastenzeit werden dagegen sämtliche Kunstwerke und sogar die Bildfenster verhüllt. Der sparsam möblierte Kirchenraum wirkt dann noch asketischer, fast meditativ – eine geglückte Unterstützung der inneren Einkehr in dieser Jahreszeit.

# Advent, Advent
## VORWEIHNACHTLICHE TRADITIONEN

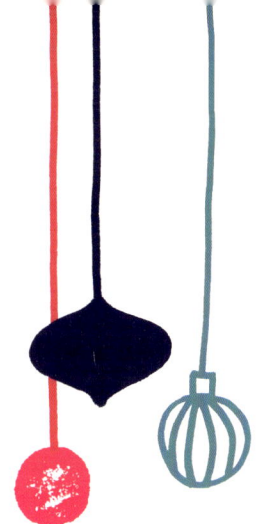

Die Adventszeit ist voller schöner Bräuche und Traditionen: Am ersten Advents-sonntag wird die erste Kerze des Advents-kranzes angezündet, an den drei folgenden Adventssonntagen jeweils eine weitere. Das erste Türchen vom Adventskalender öffnet sich am 1. Dezember und verheißt hübsche Bildchen, süße Schokolade oder kleine Geschenke. Und gegen Ende der Adventszeit, kurz vor oder sogar erst am Morgen des 24. Dezembers, wird der Christ-baum geschmückt. Das Wort Advent be-gegnet uns also vielfach – doch was genau steckt eigentlich dahinter?

### WARTEN AUF JESUS CHRISTUS

Der Begriff stammt vom lateinischen *ad-ventus* und bedeutet Ankunft. Die Römer verbanden damit die Ankunft des Kaisers, die gefeiert wurde. Für Christen symbo-lisiert der Advent das Warten auf die An-kunft des Gottessohnes Jesus Christus, und das im doppelten Sinne: Sie bereiten sich einerseits auf das Fest seiner Geburt vor und warten gleichzeitig auf dessen Wie-derkehr am Ende der Zeiten zum Jüngsten Gericht. Entsprechend sind diese rund vier Wochen der Adventszeit geprägt von Buße, Fasten, Gebeten und guten Taten. Die erste

Adventsliturgie ist für das 4. Jahrhundert belegt. Damals und auch in den folgen-den Jahrhunderten konzentrierte sich das Geschehen auf die Kirchenräume; erst in den letzten Jahrhunderten breiteten sich die Bräuche auch außerhalb dieser aus: Die Menschen schmückten ihre Wohnun-gen und Straßen, entwickelten eine Art Hausliturgie in Form von Beten, Singen und Bibellesen, und allerlei vergleichsweise junge Riten entwickelten sich.

## ADVENTSZICK KÜTT!

Ehr glövt et nit,
Wie schön mingem Jong sing Schreff dann wied,
Wie hell der hüert, wie got der liert
Un de Aufgabe mäht und nix verkiehrt!
Bis dat der Teller leddig eß,
Der met de Printe un de Nöß.
Beim letzte Beß rutsch ävver och
Der letzte Vürsatz en de Buch!
Un dann – dann eß hä widder e Johr
Dat Trüppche, wat hä vrüher wor!

*Franz Peter Kürten*

## EIN WAGENRAD VOLL KERZEN

Der erste Adventskranz ist protestantischen Ursprungs und hing 1839 im Rauhen Haus in Hamburg. Es war eine diakonische Erziehungsanstalt, die Pfarrer Johann Hinrich Wichern 1833 für verwaiste und verwahrloste Kinder und Jugendliche gegründet hatte. Und wie es Kindern nun mal eigen ist, fiel ihnen das Warten auf Weihnachten so schwer, dass sie ihren Pfarrer ständig mit der Frage löcherten, wann es denn nun endlich so weit sei. Pfarrer Wichern nahm ein Wagenrad (andere Überlieferungen sprechen von einem Kronleuchter), bestückte es mit vier großen weißen und 20 kleinen roten Kerzen und hängte es im Betsaal auf. Vom ersten Adventssonntag bis zum Heiligen Abend entzündete er nun täglich eine Kerze – die großen an den vier Sonntagen, die kleinen an den Werktagen. Nun wussten die Kinder ganz genau, wie lange es noch dauern würde – und lernten nebenbei zu zählen! Denn Wichern war nicht nur Theologe, sondern auch Pädagoge. Mit den vielen Kerzen erhellte er ihnen die Tage bis Weihnachten, die bekanntlich immer dunkler und kälter werden. Bis 1860 blieb der Kranz, wie er war: ein hölzernes Wagenrad mit Kerzen, einem breiten weißen Band und Tannenzapfen. Dann kam das Tannengrün hinzu.

Der Lichterkranz hielt von Hamburg aus Einzug in weitere norddeutsche Städte, zuerst in die Kirchen, dann in die bürgerlichen Häuser, schließlich in fast alle protestantischen Wohnstuben – inzwischen allerdings in der kleineren Variante mit nur vier Kerzen für die Adventssonntage. In den katholischen Gegenden musste sich der Kranz noch bis ins 20. Jahrhundert gedulden: Erst 1925 übernahm eine Kölner Kirche den Brauch und hängte einen Adventskranz auf – welche, ist leider nicht überliefert. Weitere katholische Kirchen folgten, und nach dem Zweiten Weltkrieg hatte sich der Brauch eines Lichterkranzes auch in den katholischen Haushalten flächendeckend durchgesetzt.

Die Symbolik spricht für sich: Der Kreis repräsentiert die Ewigkeit, das Tannengrün ein ewiges Wachsen, das Leben schlechthin, und die Kerzen verkörpern das Licht, das den Menschen an Weihnachten geschenkt wird, wenn Jesus Christus geboren wird und die Adventszeit ein Ende gefunden hat.

Ein Adventskranz vor der Südseite des Doms.
1954 hatte sich der ursprünglich protestantische Brauch auch in katholischen Gegenden
durchgesetzt.

## ADVENT, ADVENT, DEUTSCHLANDS GRÖSSTER ADVENTSKRANZ BRENNT

Ein 1.-FC-Köln-Fan kennt eine breite Gefühlspalette – von himmelhoch jauchzend bis zu Tode betrübt. In der Adventszeit gibt es jedoch allen Grund zum Freuen: Die vier fast 72 Meter hohen Lichttürme des RheinEnergieStadions werden an den Adventssonntagen wie Adventskerzen einzeln geschaltet – und das Stadion damit zu Deutschlands größtem Adventskranz. Ein echtes »Highlight«, das nicht nur die Herzen der aus Westen Richtung Heimat fahrenden Kölner höherschlagen lässt.

## DIE WARTEZEIT VERSÜSSEN

Um sich die Tage des Wartens zu vertreiben, fingen protestantische Familien im Norddeutschland des 19. Jahrhunderts an, die Zeit bis zur Ankunft Jesu Christi zu messen. Sie malten Kreidestriche an die Wände oder auf Tafeln, von denen sie – oft waren es die Kinder – mit jedem vergangenen Tag einen auswischten. Andere brannten Kerzen jeweils bis zu einer bestimmten Markierung ab, hatten eine Weihnachtsuhr oder einen Abreißkalender. Vermutlich 1851 zierten erstmals 24 bunte Weihnachtsbilder die Wände gläubiger Familien.

Egal, welcher Zeitmesser: Alle dienten dazu, die Zeit bis Heiligabend zu verkürzen. Der vierjährige Maulbronner Pfarrerssohn Gerhard Lang (1881–1974) bekam deshalb von seiner Mutter einen Karton, auf den sie 24 Gebäckstücke aufgenäht hatte – eines für jeden Tag ab dem 1. Dezember. Von diesem Familienritual seiner Kindheit inspiriert, entwarf der inzwischen in München lebende Buchhändler und Verleger Lang 1903 einen ersten Adventskalender: »Im Lande des Christkinds«. Hierbei handelte es sich um einen lithografischen Druck mit 24 Feldern mit Versen und einem Bogen mit 24 dazu passenden Bildern. Täglich konnten die Kinder eines davon ausschneiden und auf ein Versfeld kleben. Bereits 1920 waren diese Kalender international bekannt, und bis in die 1930er galten die Kalender der Lithographischen Anstalt Reichhold & Lang als die schönsten. Auch der erste Schoko-Adventskalender, das »Christkindlhaus zum Füllen mit Schokolade«, war eine Erfindung von Gerhard Lang. Heute gibt es Adventskalender in allen nur erdenklichen Ausführungen, sogar in lebendiger Form (einen solchen gibt es auch in Köln, siehe Seite 115). Ihnen allen ist gemein, dass sie die Wartezeit im Advent mit kleinen Überraschungen verkürzen und versüßen sollen.

Themenweihnachtsbäume wie hier am Hafenweihnachtsmarkt
sind keine moderne Erscheinung: Während des Deutsch-Franzö-
sischen Kriegs 1870/71 hingen Kanonen, U-Boote und Kriegsschiffe
im Baum, gegen Ende des 19. Jahrhunderts technische Errungen-
schaften wie Dampfer, Zeppeline und Lokomotiven.

# AM WEIHNACHTSBAUME ...

Ursprünglich stammt der Weihnachtsbaum aus dem kirchlichen Krippenspiel des Mittelalters. Er war dort der Paradiesbaum und Träger des Sündensymbols. Vergoldete Nüsse und rote Äpfel schmückten die Bäume und erinnerten so an Eva und den Sündenfall. Die europäischen Adelshöfe und Zunfthäuser übernahmen als Erste den Weihnachtsbaum für ihre Weihnachtsfeiern, dann folgte das Bürgertum, zuerst im protestantischen Elsass. 1605 beschreibt ein unbekannter Chronist den dortigen Brauch: »Auff Weihnachten richtet man Dannenbäume zu Straßburg in den Stuben auf. Daran henket man Roßen auß vielfarbigem Papier geschnitten, Aepfel, Oblaten, Zischgold und Zucker.«

Der Kirche, der ein Großteil des Waldes gehörte, aus dem die Bäume geholt wurden, war der neue Brauch ein Dorn im Auge: »Unter anderen Lappalien, damit man die alte Weihnachtszeit oft mehr als mit Gottes Wort begehet, ist auch der Weihnachts- oder Tannenbaum, den man zu Hause aufrichtet, denselben mit Puppen und Zucker behängt, und ihn hernach abschüttelt und abblühen (abräumen) lässt. Wo die Gewohnheit herkommt, weiß ich nicht; ist ein Kinderspiel«, schrieb Johann Conrad Dannhauser 1647, Prediger am Straßburger Münster. Die katholische Kirche hielt zudem an der Krippe als Symbol für Weihnachten fest. Mittelfristig wurde der Weihnachtsbaum für die evangelische Kirche zu einem willkommenen Gegensymbol zur katholischen Krippe.

Erneut waren es also Protestanten, die diesen Brauch im Laufe des 18. Jahrhunderts deutschlandweit verbreiteten. Da Tannenbäume eher selten und dementsprechend teuer waren, konnte sich zunächst nur die bürgerliche Oberschicht einen Baum leisten, ärmere Familien schmückten ihre Wohnungen mit Tannenzweigen. Gegen Mitte des 19. Jahrhunderts forstete man ganze Gebiete mit Tannen- und Fichtenwäldern auf, um den hohen Bedarf zu decken.

Im katholischen Köln hielt man noch lange an der Tradition des Kindleinwiegens fest (siehe Seite 138), »Kreßbäume« waren in den 1820er-Jahren noch unbekannt – die Fichte galt als »preußischer Baum«. Erst allmählich, in den 1850ern, wurde sie als geschmückter Christbaum Bestandteil der Weihnachtsfeiern in Kirchen und Vereinen sowie bei geselligen Weihnachtsveranstaltungen in Gasthäusern. Es dauerte noch einmal rund 20 Jahre, bis der Weihnachtsbaum auch in den Kölner Privathäusern einzog, allerdings blieb er noch bis in die 1880er-Jahre für ärmere Familien unerschwinglich. Peter Kintgen gibt den Bericht seiner Nachbarin Frau Broichmanns wieder, die mit ihrem Mann einen Weihnachtsmarkt besuchte:

»Ganz am Engk vom Kreßmaat stunde ne Mann, dä e paar Dotzend Kreßbäum zu verkaufen hatt. – Jo, Kreßbäum, die woren dozemol he noch ärg selde. Nor en winnige Famillie dät su'ne Lechterbaum lööchte un schinge. Ich hatt ald eins drop aangespillt bei mingem Krestian und gesaht: ›Su ene Baum, behange met ›Koralle‹ un selvere Kette, Krestian, dat wör och jetz für uns Kinder. Die Freud!‹ – Aevver hä ging nit drop en, hä helt sich stief un meint nor: ›Kreßbäum, Billa, dat eß jet für dat riche Volk! Meer hann doch uns schön Kreppche, wat ich met de Kinder selvs geknuv hann!‹«

Ab 1850 etablierte sich der Weihnachtsbaum auch im katholischen Köln, zunächst noch bei öffentlichen Weihnachtsfeiern und -veranstaltungen, beispielsweise in Gasthäusern.

1939 sind Weihnachtsbaum und Adventskranz fester Bestandteil der Weihnachtstradition im katholischen Köln, sodass sie selbst später im kriegszerstörten Stadtbild nicht fehlen dürfen. Hier vor dem Dom (1939) und am Neumarkt vor St. Aposteln (Anfang der 1950er-Jahre).

Gegen Ende des 19. Jahrhunderts fanden immer mehr Bäume Absatz auch bei den ärmeren Familien. Verkaufsplätze wurden häufiger, unter anderem auf den Weihnachtsmärkten – wo auch gleich der passende Christbaumschmuck erworben werden konnte.

Der heute weitverbreitete Christbaumschmuck aus Glas ist ein Brauch aus der Mitte des 19. Jahrhunderts. Zuvor bestand der Schmuck hauptsächlich aus Naschwerk, Äpfeln, Nüssen und alljährlich neu Gebasteltem. Eine Fülle an Büchern lieferte Bastelanleitungen für Papiersterne und -ketten. Natürlich durften auch Kerzen und Lametta nicht fehlen! Mit dem Wandel der

Zeit – und der Technik – wurden Christbaumschmuck und -beleuchtung immer ausgefeilter: Ab 1920 kamen elektrische Kerzen hinzu, und die ursprünglich roten Christbaumkugeln aus Glas, die erfunden wurden, weil die ärmere Bevölkerung die Äpfel zum Essen brauchte, gibt es inzwischen in jeglichen denkbaren Formen und Ausführungen.

Die Weihnachtszeit sorgte im kriegszerstörten Köln für etwas Ablenkung von den Alltagssorgen, hier Anfang der 1950er-Jahre mit einem Weihnachtsbaum auf dem Alter Markt beim Jan-von-Werth-Denkmal.

# CHRISTBAUMSCHMUCK AUS FILZ

Als Einstimmung auf das Fest passt es ganz wunderbar, Teile des Christbaumschmucks selbst zu basteln – zum Beispiel Anhänger aus Filz in verschiedenen Formen: Tannenbäume aus grünem Filz und Christbaumkugeln aus buntem Filz, jeweils verziert mit Bändern, Perlen oder glitzernden Pailletten, machen sich hübsch am Weihnachtsbaum. Auch eine kölsche Variante ist denkbar: Filzanhänger in Dom-Form!

**Bastelmaterial:**

* bunter Filz
* Stecknadeln
* Schere
* Nadel und Faden
* Füllmaterial (Watte)
* Deko nach Belieben: kleine Perlen, Pailletten, Zierbänder
* Aufhänger aus Garn, Geschenkband, Kordel, Stoffbänder

**Bastelanleitung:**

**1** Für den Weihnachtsbaumanhänger jeweils 2 Dreiecke aus grünem Filz ausschneiden, aufeinanderlegen und mit Stecknadeln zusammenstecken. Mit Vorstich an zwei Seiten zusammennähen, die Öffnung mit Watte füllen und auch die dritte Seite zunähen.

**2** Für Christbaumkugeln jeweils 2 Kreise aus buntem Filz ausschneiden und wie die Bäume füllen und zunähen.

**3** Nun die Anhänger nach Belieben mit Zierstichen, Perlen und Pailletten verschönern. Dazu beispielsweise mit der Nadel von hinten durch Filz und Watte stechen, zuerst je 1 Paillette, dann je 1 Perle auffädeln und am Faden entlang nach unten durchschieben. Anschließend mit der Nadel durch die Paillette und den Filz nach hinten stechen. Nach Belieben wiederholen. Auch Zierbänder können per Vorstich aufgenäht werden.

**4** Zum Aufhängen eine Schlaufe aus Garn, Geschenkband, Kordel oder Stoffbändern an der Kugel oder der Baumspitze vernähen.

**Tipp** Nicht nur im Weihnachtsbaum, auch als Geschenkanhänger macht der Filzschmuck Freude.

## WUNDERSCHÖNER LICHTERBAUM

Irgendwie steckt bei uns in finanziellen Dingen der Wurm drin. Ganz egal, wie meine Frau und ich rechnen, stets geben wir mehr Geld aus, als wir zur Verfügung haben. In den letzten Jahren sammelte sich ein erkleckliches Sümmchen von Krediten an, so daß mein Einkommen gerade noch für die Miete, die Abzahlungsraten, für Strom, Gas, Wasser und das Notwendigste an Lebensmitteln reichte. Unser Auto ist längst verkauft, um den letzten drängenden Verpflichtungen nachzukommen. Nun aber, wo wieder eine Vielzahl von Mahnungen auf dem Tisch liegt, wir also wieder einmal weder ein noch aus wissen, steht obendrein noch das Weihnachtsfest vor der Tür.

Woher aber das Geld nehmen; Geld für Geschenke unserer vier Kinder, Geld für Süßigkeiten, Nüsse und Apfelsinen, Geld für einen Weihnachtsbaum?

Das Problem »Geschenke und Süßes« löste meine Frau souverän: Zum einen schlug sie vor, schon Heiligabend die Eltern und Schwiegereltern zur Bescherung zu besuchen und den Kindern klarzumachen, das Christkind habe diesmal alles bei Oma und Opa abgeladen, zum anderen besorgte sie in einem Laden für Havarie-Waren einen angestaubten, dafür aber billigen Spielzeug-Bauernhof mit Tieren, Zäunen und Ackergeräten.

Resteverwertung: Nicht verkaufte Weihnachtsbäume werden heute den Elefanten im Kölner Zoo als Festmahl an Heiligabend serviert.

Heinz Erich Lambertin (Mitte)
beim Weihnachtsbaumkauf auf
dem Alter Markt, Anfang der
1960er-Jahre.

Wie aber sollten wir an einen Weihnachtsbaum kommen? Auch hier wußte meine Frau Rat: »Geh doch einfach zu einem Baumverkaufsplatz kurz bevor der Händler sein Geschäft beendet. Mit Sicherheit bleiben da einige Bäume übrig, und solch einen nimmst du dir dann.«

Gesagt, getan. Ich zog meinen alten grünen Lodenmantel an, setzte den Jägerhut auf, der mir noch aus früheren Schützenvereinszeiten geblieben war, und fuhr mit dem Fahrrad über die Ostheimer Zehnthof- und Werntgenstraße zum Plätzchen vor Sankt Servatius.

Ich schien gerade zur rechten Zeit gekommen zu sein, denn zwei Männer waren dabei, die restlichen Tannen und Fichten auf einen Kleinlastwagen zu verladen. Auf meine Frage, ob ich einen der übriggebliebenen Bäume bekommen könnte, antwortete einer der beiden: »Gewiß, wir haben hier noch einige schöne Exemplare. Sehen Sie diesen, hundertsechzig hoch, vierzig Mark. Oder den, auch so anderthalb Meter, siebzig Mark – ist ja auch 'ne Edeltanne – Nee? – Gut, hier Douglasie, eins-achtzig, dreißig Mark. – Auch nicht? Was woll'n Sie denn?«

Als ich denen erklärte, ich hätte gerne einen Baum umsonst, tippte der andere mit dem Finger an die Stirn und brummte: »Der Rest kommt zu einer Friedhofsgärtnerei.« »Nun ja, versteht sich, wer hat schon was zu verschenken«, dachte ich, schwang mich auf das Rad und fuhr die Rösrather Straße weiter in Richtung Rath-Heumar. Auch dort wurden auf dem Weihnachtsmarkt gegenüber der Post gerade die Restbestände zusammengeräumt.

Hier allerdings machten sich in Orange gekleidete Männer der städtischen Müllabfuhr zu schaffen.

»Aha, die Bäumchen werden also weggeworfen«, ging es mir durch den Kopf, und raschen Schrittes bewegte ich mich auf eine kleine Gruppe von noch recht passablen Fichten zu. Kaum aber hatte ich eines der Bäumchen herausgezogen, da brüllte einer der Müllmänner so laut los, daß ich die Fichte fallen ließ, zu meinem Rad hastete und dann kräftig in die Pedale trat, ehe mich die finster dreinschauenden Arbeiter erreichen konnten, die auf mich zustürzten.

An der Rather Burg vorbei radelte ich zum Königsforst. Als ich den Sellbach überquert hatte und nun mitten in einer Schonung kaum mannshoher Bäume stand, geriet ich fast außer mir vor Wut: »Hier sind die schönsten Weihnachtsbäume, und ich Trottel habe keine Säge, kein Beil, kein Messer bei mir!« Ich faßte das Rad am Sattel und an der Lenkstange, stieß es zwischen die Nadelbäume und ließ mich bäuchlings in das hohe verdörrte Gras fallen. – »Tiefer im Forst schlägt jemand mit einer Axt Bäume? – Jetzt, um diese Zeit? Es dunkelt ja bereits. – Um diese Zeit arbeiten doch keine Waldarbeiter mehr? – Aber ich träume nicht!« Ich raffte mich auf, klopfte die Halme von Mantel und Hose, zerrte das Fahrrad aus dem Holz und schob es über den Schiefer Hauweg zum Wichelter Bruch, aus dem ich das Fällen immer deutlicher vernehmen konnte. Fast war ich dort angelangt, wo ich die Waldarbeiter vermutete, da hörte das Schlagen auf. Ich blieb stehen, versuchte mich zu orientieren und starrte in den dunkler werdenden Wald.

Es raschelte und knackte ganz in der Nähe. Das Unterholz tat sich auf, und vier junge Burschen drängten hervor – jeder mit einem grünen Baum im Schlepp.

»Hallo, he!« entfuhr es mir. Ich weiß selber nicht mehr, ob es ein Ausruf des Erstaunens war oder ein Anruf. Die jungen Männer aber riefen plötzlich: »Der Förster! Der Förster kommt!« ließen die Bäume auf dem Weg liegen und schlugen sich auf der anderen Seite des Hauweges durch das Gebüsch. Nach allen Seiten drehte ich mich um, einen Förster konnte ich jedoch nicht erblicken. Während dessen fielen mir mein Lodenmantel und der Jägerhut auf, und

ich lachte, ja prustete herzhaft los. Dann ging ich auf die hingeworfenen Bäume zu, suchte das schönste Exemplar heraus, band es ein wenig zusammen und am Fahrrad fest, und strampelte dann recht vergnügt nach Hause.

Was war das für ein Jubel, für ein Triumphzug, als ich mit dem Baum durch die Wohnungstür trat und ihn im Wohnzimmer präsentierte. Der Stamm paßte, ohne extra angespitzt werden zu müssen, in den Ständer. Die Höhe war dem Zimmer genau angemessen, die goldene Glasspitze ließ sich aufstecken, ohne daß ich auch nur eine Nadel abschneiden mußte. Und auch

Weihnachten 1933 am Lindenthaler Stadtwaldgürtel: Hier werden die schwer erreichbaren Kerzen mit einem speziellen Kerzenanzünder angezündet, wie er heute fast in Vergessenheit geraten ist.

sonst war die Fichte symmetrisch und ohne Lücken gewachsen, so daß ich keine kosmetischen Operationen, wie etwa das Einbohren zusätzlicher oder das Kappen zu dichter Äste vornehmen mußte. Nein, dieser prächtige Weihnachtsbaum konnte sofort mit Kugeln, Lametta und Girlanden behangen und mit Kerzen besteckt werden.

Ich neigte schon dazu, weniger Schmuck als sonst zu verwenden; der Baum strahlte allein durch seinen Wuchs und seine Farbe eine stille Schönheit aus. Aller Zierrat erschien mir als Tand. Meine Frau und die Kinder reichten aber alles an und drängten: »Nun mach schon, wir wollen noch in die Christmette!«

So schnell war noch kein Weihnachtsbaum in unserer Familie fertig geworden, und wir schafften es tatsächlich noch, uns umzuziehen, die frühabendliche Weihnachtsmesse zu besuchen und pünktlich bei meinen Schwiegereltern zur Bescherung zu erscheinen. Zwei Stunden später nahmen die Kinder, meine Frau und ich auch bei meinen Eltern die Geschenke in Empfang.

Kurz vor Mitternacht fuhren wir mit der Straßenbahn von Bilderstöckchen nach Ostheim, marschierten frohgelaunt und Weihnachtslieder singend die letzten paar

hundert Meter durch die kalte Nacht bis zu unserem Haus. Wir freuten uns auf die warme Stube und den wunderschönen Lichterbaum. Schon im Treppenhaus begannen wir nach dem Fichtenduft zu schnuppern. Aber nichts. Im Gegenteil, es roch nach Rattengift, Gas oder Karbid.

»Ob Thiemes wieder vergessen haben, den Gashahn abzudrehen?« fragte ängstlich besorgt meine Frau.

Der üble Geruch wurde stärker. Ich schloß die Wohnungstür auf. Ein Schwall warmer, stinkender Luft flutete uns entgegen. Ich stürzte in die Küche. Nichts, kein Gas strömte aus dem Herd; auch das Zuleitungsrohr war dicht. Unterdessen war meine Frau mit den Kindern ins Wohnzimmer gegangen. Kopfschüttelnd und gedankenverloren folgte ich ihnen. Kaum aber hatte ich die Zimmertür passiert, riß mich ein jäher Aufschrei zurück in die Wirklichkeit. Meine Frau schrie wie von Sinnen: »Der Baum! Schmeiß den Baum raus! – Wo haste den denn her! Der ist ja gespritzt! – Der ist ja gespritzt! – Wo hast Du Jeck den denn her! – Schmeiß ihn raus! – Meine Möbel, meine Wohnung! Soll denn alles so gotterbärmlich stinken? – Raus! ...«

*Volker Gröbe*

Die heilige Bar-
bara als Sand-
steinfigur im
Kölner Dom; an
dem Turm
in ihrem Rücken
ist sie zu
erkennen.

# DIE HEILIGE BARBARA
## GABENBRINGERIN IM RHEINLAND

Der 4. Dezember ist der Tag der heiligen Barbara – und war im Rheinland ein Tag der Geschenke, in einigen Kölner Familien sogar bis heute. Als eine spätmittelalterliche Tradition wird »Zint Bärbel« in Köln verehrt. Bereits im Festkalender von St. Kunibert von 1239 ist der Barbaratag verzeichnet, und schon im Jahr 1500 hat es zu diesem Tag Süßigkeiten gegeben: Die Chorschwestern des St.-Ursula-Stifts erhielten am Vorabend von St. Barbara von den Kanonikern Süßigkeiten, kleine Kerzen und Brezeln. Vom Anfang des 20. Jahrhunderts bis in die 1960er-Jahre hinein waren es dann die Kölner Kinder, die nach einem weitverbreiteten Brauch am Vorabend des Barbaratages ihre – natürlich blank geputzten – Schuhe aufstellten. Wie groß war die Freude, als sie diese am Morgen mit allerlei Naschwerk wie Schokolade, Äpfeln, Nüssen und Lebkuchen gefüllt fanden. Und wer seine ramponierte Puppe neben die Schuhe gelegt hatte, konnte sicher sein, dass Barbara sie in der Nacht mitgenommen hatte und sie später wieder repariert unter den Weihnachtsbaum legen würde. So war Barbara nur die erste der weihnachtlichen Gabenbringer, gefolgt vom Nikolaus am 6. Dezember, dem sie in manchen rheinischen Gegenden auch an die Seite gestellt wurde, und dem Christkind an Heiligabend.

Aber wer war sie überhaupt? Die heilige Barbara wird als Märtyrerin und Nothelferin verehrt. Obwohl es kaum historische Fakten über sie gibt, datiert man anhand der Legenden ihr Geburtsjahr ans Ende des 3. Jahrhunderts. Im Jahr 306 soll sie den Märtyrertod in Nikomedia, dem heutigen Izmit in der Türkei, gestorben sein. Weiter berichten die Legenden von Barbaras außergewöhnlicher Schönheit und ihrem scharfen Verstand. Ihr Vater Dioskuros, ein heidnischer, sehr wohlhabender Kaufmann, ließ ihr eine gute Ausbildung angedeihen und erfüllte ihr jeden Wunsch – um unbedingt zu verhindern, dass Barbara Christin würde. Während einer Geschäftsreise sperrte er sie in ein Turmzimmer und musste bei seiner Rückkehr feststellen, dass Barbara ein drittes Fenster als Zeichen der Dreifaltigkeit hatte einbauen und sich selbst hatte taufen lassen. Später erteilte sie einem Mann eine Absage, weil sie als Christin keinen Heiden heiraten wollte. Zunächst konnte Barbara vor der Bestrafung des erzürnten Vaters fliehen, indem sich ein Fels vor ihr öffnete und sie hineinschlüpfen konnte. Ein Hirte verriet sie, woraufhin sie gefangen genommen und gefoltert wurde und letztendlich durch das Schwert ihres Vaters starb – an einem 4. Dezember. Im Laufe der Jahre wurde sie unter anderem zur Schutzpatronin der

Bergleute (weil sich der Fels vor ihr geöffnet hatte), der Sterbenden, Artilleristen, Mädchen, Maurer, Architekten, Baumeister, Turmwächter, Feuerwehrleute, Glockengießer und Glöckner – und eben zur christlichen Gabenbringerin.

Inzwischen ist der 4. Dezember als Geschenktag in den meisten Kölner Familien in Vergessenheit geraten. Andere Bräuche dagegen weniger: Noch immer werden am Barbaratag Zweige von Obstbäumen geschnitten, die an Weihnachten blühen sollen und eine positive Zukunft

versprechen. Der Legende nach soll Barbara auf dem Weg ins Gefängnis mit ihrem Gewand an einem trockenen Kirschbaumzweig hängen geblieben sein. Diesen soll sie während der Gefangenschaft mit ihrem Trinkwasser befeuchtet haben, sodass er tatsächlich aufblühte und der todgeweihten Barbara Trost spendete. Im Bergbau wird der Barbaratag oft mit einer Parade oder einem Gottesdienst begangen, in geologischen Instituten findet die Barbarafeier statt. Und übrigens erfolgte der virtuelle Spatenstich zum offiziellen Baubeginn der Kölner Nord-Süd-Stadtbahn am 4. Dezember 2002.

# BREF AN DE HELLIGE BARBARA

Leeve, hellige Barbara,
He schriev et Thresge Flöck.
Meer wonnte fröhter en nem Hus
Deech an der Severinsbröck.

Dat Hus weed avgeresse.
Meer wonne jitz em Dau.
Ävver dat weesch Do wesse,
Denn Hellige sin jo schlau.

Uns Hus wor ärg am ziddere.
Der postelinge Krom,
Dä wor em Schaaf am höppe,
Wann en Elektrisch kom.

Em Dau, do eß et räuig.
Do fings bestemmp dat Hus.
Ävver uns Köchefinster
Dat litt noh hinger erus.

Ich stell ming ganze Schöhncher
Do op de Finsterbank.
Do kanns Dich dren beloore,
Denn se sin spegelblank.

Ich lötschen immer alles.
Kaugummi lötsch ich och.
Doch kanns uns Fräulein froge,
Ich wor su brav dis Woch!

Ich drihen nih am Fänsin,
Wann ich ens ben allein.
Dat dun jo andere Kinder,
Och unger uns dä Hein.

Ich paß op met der Ampel.
Bei »Rud«, do wad ich schön.
Ich loß bei »Gäl« se laufe.
Ich laufe eez bei »Grön«.

Wann ich dem Vatter holle
Sing Häloge an der Eck,
Dann dun ich nit prubeere
Em Husgang, we dat schmeck.

Ich ben verschnupp kei beßge.
Ich esse alles gän.
Denk an de Flöck's ehr Thresge
Em vörus danke schön.

*Lis Böhle*

Am Rheinauhafen wacht der heilige Nikolaus noch immer über die Rheinschifffahrt. Die Skulptur stammt aus dem 18. Jahrhundert und wurde 1956 an ihrem jetzigen Platz aufgestellt.

# Wie der heilige Nikolaus
## INS RHEINLAND KAM

Der »echte« heilige Nikolaus, dessen Fest wir am 6. Dezember feiern, sah ein wenig anders aus als der dicke, rot gekleidete Mann, dem wir heute überall begegnen: Weil er Bischof war, ist er auf alten Bildern meist mit Bischofsmütze und Bischofsstab dargestellt. Er lebte zu Beginn des 4. Jahrhunderts in Myra, das heute in der Türkei liegt. Viele wundersame Geschichten werden über ihn erzählt. In Köln ist die folgende Legende besonders beliebt, weil sie Nikolaus zum Schutzpatron der Schiffer machte – also auch zum Patron der Rheinschiffer:

# NIKOLAUS RETTET EIN SCHIFF AUS SEENOT

Lang, lang ist's her. Es gab noch keine Autos, keine Eisenbahnen und auch noch keine Flugzeuge. Die Seeleute, die damals mit ihren Schiffen über das Meer fuhren, spannten große Segel auf. Die Kraft des Windes trieb ihr Schiff von Hafen zu Hafen. Aus dieser Zeit erzählt man sich die Geschichte, wie der heilige Nikolaus, der Bischof von Myra, zum Schutzpatron der Schiffer geworden ist.

Eines Tages segelte ein stolzes Schiff durch das Mittelmeer. Es wollte nach Konstantinopel. An Bord trug es reiche Schätze Arabiens. Es war wohlausgerüstet und hatte eine tüchtige Mannschaft. Der Kapitän war ein alter, erfahrener Seemann. Schon war der ersehnte Hafen nicht mehr weit, da verdüsterte sich der Himmel, Wind sprang auf, und die Kämme der Wellen wurden schaumig und weiß.

Doch der Kapitän hatte mit seinem Schiff schon so manches böse Wetter durchgestanden. Er wußte, was zu tun war. Er ließ die Segel reffen. Das Ruder nahm er selber in die Hand. Genau dem Wind entgegen drehte er den Bug seines Schiffes. Die Seeleute gehorchten seinen Befehlen aufs Wort. Doch der Wind wurde immer wütender, wuchs zum Sturm, heulte in den Tauen und Masten und riß den Leuten die Worte vom Mund.

Noch kämpfte das Schiff unverdrossen gegen die Wellen an. Aber schon türmte der Sturm das Wasser zu Bergen, schon warfen sich die Wellen über die Bordwand und überspülten das Deck. Breitbeinig stand der Kapitän und hielt das Ruder fest. Sein Steuermann half ihm dabei. Jetzt prasselten Regenschauer hernieder. Es wurde finster wie in der Nacht; eine Nacht ohne Stern, ohne Mond. Wieder schäumte ein Wellengebirge hoch auf, zerbrach und stürzte auf das Schiff. Das Holz ächzte. Ein Zittern durchlief den Schiffsrumpf und alle, die er trug. Pfeifen und Knirschen fuhr durch den Mast, ein Splittern, ein Krachen! In halber Höhe zerbarst ein Mast. Wie wild hieben die Männer mit Beilen und Äxten die Taue durch, damit das Wasser das gebrochene Holz wegschwemmen konnte. Doch eine Woge riß den mächtigen Mast hoch auf, schlug ihn gegen das Schiff und stieß ein Loch in die Bordwand. Immer noch hielten die Taue den Rammbock. Da liefen die Seeleute fort, um dem wildgewordenen Mastholz zu entgehen. Schon sah der Kapitän sein Schiff verloren, da fiel ihm in der höchsten Not ein, was er einst vom Bischof Nikolaus von Myra gehört hatte.

»Sankt Nikolaus, Sankt Nikolaus! Bitte für uns!«, schrie er dem Sturm entgegen. Die Seeleute, die ihm am nächsten standen, hörten seinen Schrei. Sie nahmen den Ruf auf. So drang er bis in das Vorschiff.

»Sankt Nikolaus! Bitte für uns!«, schrien die Matrosen. Mit einem Male wurde es ein wenig heller. Plötzlich stand mitten auf dem Schiff ein Mann, den sie nie zuvor gesehen hatten. Er schwang seine Axt und hieb auf die Haltetaue ein. Die Matrosen faßten durch sein Beispiel wieder Mut und kappten die letzten Taue, die den gefährlichen Mastbaum noch hielten. Die nächste Woge trug ihn weit vom Schiffsrumpf fort.

Stunden noch wütete das Wasser, doch nach und nach wurden die Wellen zahmer, und allmählich flaute der Wind ab. Als schließlich die Sonne zwischen jagenden Wolken hin und wieder hervorschaute, da war die ärgste Gefahr vorbei.

Aber wie sah das stolze Schiff aus! Wie ein zerzauster Vogel trieb es auf dem Meer. Zerrissen die Planken, zersplittert die Bordwand, verwüstet das Deck, weggeschwemmt die Ladung. Endlich übergab der Kapitän dem Steuermann wieder das Ruder.

»Bringt mir den Mann her, der uns gerettet hat!« befahl der Kapitän. Doch sosehr die Seeleute auch suchten, sie fanden ihn nicht. Am nächsten Tag tauchte die Küste von Kleinasien in der Ferne auf. Ein Notsegel, am Maststumpf mühsam aufgeknüpft, trieb sie langsam in den Hafen von Myra.

Die Matrosen vertäuten das verwundete Schiff. Sie warfen sich in ihre Kojen und wollten nichts als schlafen, schlafen, schlafen. Der Kapitän aber ging mit seinem Steuermann zur Kirche von Myra hinauf. Er wollte dem Herrn für die Rettung aus Seenot danken. In der Kirche wurde gerade ein Gottesdienst gefeiert. Vorn am Altar stand der Bischof. Als die Seeleute näher kamen, erkannten sie ihn. Sie sahen, daß er der Mann war, der ihnen auf dem Meer so wunderbar geholfen hatte. Da priesen sie Gottes wunderbare Güte.

Überall verbreitete sich unter den Seeleuten diese Geschichte. So wurde der heilige Nikolaus der Patron aller Seeleute und Schiffer.

*Willi Fährmann*

## KÖLSCHE NIKOLAUSVEREHRUNG IN DER SCHIFFERKIRCHE ST. MARIA LYSKIRCHEN

Richtig bekannt wurde der heilige Nikolaus in Köln (wie auch in ganz Deutschland) im 10. Jahrhundert, und zwar durch eine berühmte Person, die wie er selbst aus Byzanz stammte: Prinzessin Theophanu, die in den Jahren 972 bis 991 als Kaiserin einen großen Einfluss auf ganz Europa hatte. Theophanu liegt in der Kölner Kirche St. Pantaleon begraben. Aber nicht dort, sondern in einer anderen Kölner Kirche finden sich die meisten Spuren der Nikolausverehrung, nämlich in St. Maria Lyskirchen, der kleinsten der zwölf romanischen Kirchen Kölns. Das liegt wohl daran, dass die Kirche direkt am Rhein liegt und Nikolaus, wie oben geschildert, der Patron der Seeleute und Binnenschiffer ist.

St. Maria Lyskirchen ist zur Adventszeit immer einen Besuch wert – nicht nur wegen der im Folgenden beschriebenen Nikolausmalereien, sondern auch wegen der Statue der Schiffermadonna aus dem 15. Jahrhundert (früher stand sie außen an der Kirche, sodass die vorbeifahrenden Schiffer sie vom Rhein aus sehen konnten), der kölschen Krippe (siehe Seite 154) und der unheimlichen Geistermesse, die immer an Weihnachten dort stattfinden soll (siehe Seite 145).

Die Kirche wurde um 1210 bis 1220 erbaut. Zwischen 1250 und 1280 entstanden die bunten Malereien, die fast das ganze Gewölbe bedecken und glücklicherweise mehrere Hochwasser und den Zweiten Weltkrieg überstanden haben. Mit dem heiligen Nikolaus beschäftigen sich die Malereien im südlichen Seitenchor, also hinten rechts in der Kirche. Schaut man dort Richtung Decke, sieht man vier Bildfelder, die jeweils durch eine gemalte Säule noch einmal geteilt sind, also insgesamt acht Bilder.

St. Maria Lyskirchen: Von außen relativ schlicht, begeistert die Kirche von innen mit vielen Fresken.

Man kann sich die Bilder als Abfolge anschauen, wenn man links oben beginnt: Dort ist der heilige Nikolaus als Kind auf dem Schoß seiner Mutter zu sehen. Auf dem nächsten Bild wird er zum Bischof geweiht.

Links davon sieht man in drei Bildern die Legende von der Bekehrung eines Juden: Auf dem ersten Bild wird der Jude bestohlen, obwohl er zum Schutz ein Nikolausbild aufgestellt hatte. Auf dem nächsten Bild schlägt der Jude voller Zorn auf das Bild ein. Das folgende Bild zeigt schließlich, wie der heilige Nikolaus dem Juden das Diebesgut zurückgibt und er zum Christentum bekehrt wird.

Darunter ist die bereits erzählte Legende von der Rettung der Seeleute dargestellt, zusammen mit dem Tod des Nikolaus.

Auf dem letzten Bild des Zyklus ist als weitere Legende zu sehen, wie Nikolaus drei unschuldig Verurteilte befreit.

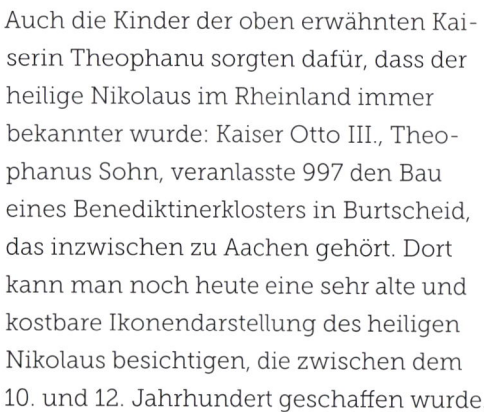

## NIKOLAUSVEREHRUNG IM KÖLNER UMLAND: BURTSCHEID UND BRAUWEILER

Auch die Kinder der oben erwähnten Kaiserin Theophanu sorgten dafür, dass der heilige Nikolaus im Rheinland immer bekannter wurde: Kaiser Otto III., Theophanus Sohn, veranlasste 997 den Bau eines Benediktinerklosters in Burtscheid, das inzwischen zu Aachen gehört. Dort kann man noch heute eine sehr alte und kostbare Ikonendarstellung des heiligen Nikolaus besichtigen, die zwischen dem 10. und 12. Jahrhundert geschaffen wurde.

Theophanus Tochter Mathilde heiratete 991 den Pfalzgrafen Ezzo von Lothringen und gründete mit ihm die Abtei Brauweiler, 15 Kilometer von Köln entfernt. Die Kirche des Klosters wurde dem heiligen Nikolaus geweiht. St. Nikolaus ist mit ihrem mächtigen Westturm von Weitem zu sehen; die verschiedenen Darstellungen des Heiligen sind allemal einen Besuch wert.

Der kostbarste Besitz des Klosters waren einst einige Reliquien des heiligen Nikolaus, darunter ein Zahn und ein Finger. Möglicherweise stammten sie aus dem Nachlass Theophanus. Von weit her kamen die Menschen, um sich diese Reliquien anzusehen, und so wurden Brauweiler und der heilige Nikolaus immer berühmter. Viele Kirchen – besonders natürlich diejenigen, die in der Nähe von Häfen oder Flüssen lagen – nannten sich »Nikolaikirche« und stellten Kopien der hölzernen Nikolausstatue auf, deren Original in Brauweiler steht. Auch die Kölner Rheinschiffer pilgerten einmal im Jahr von St. Maria Lyskirchen aus nach Brauweiler, um den Reliquien die Ehre zu erweisen und in der dortigen Kneipe »Zum Anker« einzukehren.

Nikolausfigur am
Antoniusaltar, 1552.

Die berühmte Holzskulptur des heiligen Nikolaus in der Kirche in Brauweiler stammt aus dem 12. Jahrhundert.

## DER FINGER DES HEILIGEN NIKOLAUS UND DAS KÖLNER HOCHWASSER

Der Zisterziensermönch Caesarius von Heisterbach und andere Chronisten berichten von vielen Wundern, die von den Brauweiler Nikolausreliquien ausgegangen sein sollen. So soll der Finger des Nikolaus das mittelalterliche Köln von einem Hochwasser erlöst haben: An Karneval 1347 waren die Straßen und Gassen Kölns so hoch wie noch nie vom Rhein überflutet. Noch dazu stand das Wasser wochenlang zwischen den Häusern, sodass sich Krankheiten ausbreiteten. Die verzweifelten Kölner beteten, aber der Pegel sank nicht. Da hatte ein Fischer die Idee, das Kloster in Brauweiler zu bitten, der Stadt Köln den heiligen Finger auszuleihen, denn schließlich hatte der Patron der Schiffer ja früher schon in Wassernotlagen geholfen. So geschah es; der Rat der Stadt trug die Bitte in Brauweiler vor,

und tatsächlich kam bald eine Abordnung des Klosters unter Führung des Priors mit dem Finger nach Köln geritten. Am Hahnentor wurden sie schon von einer Menschenmenge erwartet, und gemeinsam zog man zum Rhein.

Der Legende nach beschloss der Prior des Klosters dort spontan, den Finger der elfjährigen Elze zu geben, der Tochter des Konstantin von Lyskirchen, denn er dachte sich, dass so ein unschuldiges Kind beim Bitten um Hilfe vielleicht eine größere Wirkung hätte. Die kleine Elze stellte sich mit den Füßen in den Rhein und hielt die Reliquie hoch. Und tatsächlich begann das Wasser sogleich zu sinken! Die Kölner brachen dankbar in Gesang aus, und nach zwei Tagen war das Hochwasser ganz verschwunden.

*Darstellung eines der vielen Hochwasser in Köln.*

*Aus: Johann Leonhard Theler, Ausführliche Nachricht von dem schrecklichen Eisgange, und den Ueberschwemmungen des Rheines, welche im Jahre 1784 die Stadt Köln, und die umliegenden Gegenden getroffen.*

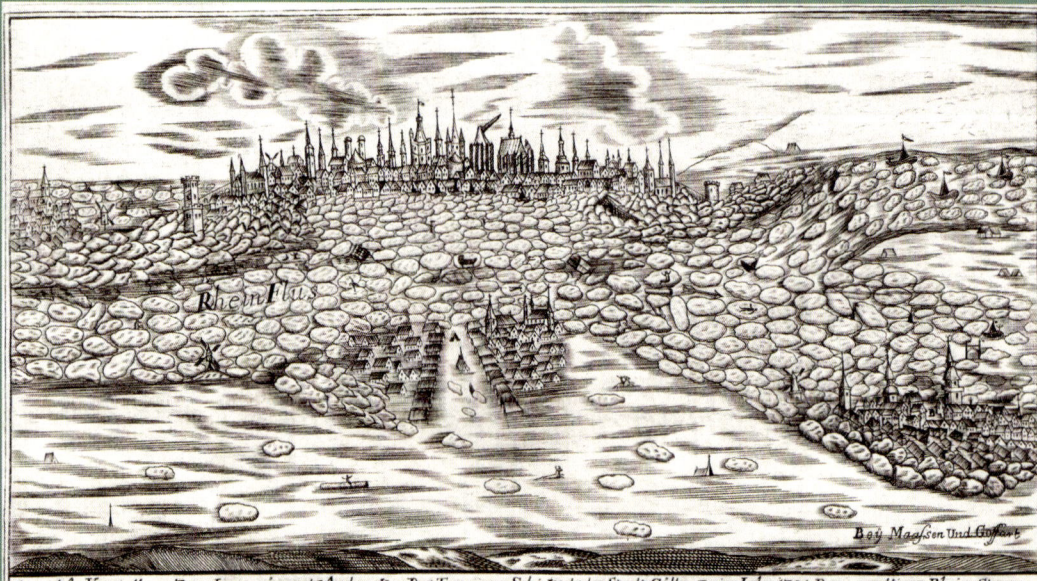

## DER KÖLNER NIKOLAUSTAG: LANGE ZEIT WICHTIGER ALS DAS WEIHNACHTSFEST

In Deutschland und ganz besonders in Köln nahm die Nikolausverehrung im Laufe des Mittelalters solche Ausmaße an, dass der 6. Dezember im 13. Jahrhundert schließlich zum Feiertag wurde. Nach und nach entstanden rund um diesen Tag verschiedene Bräuche. Ausgangspunkt waren auch hier wieder die Legenden, die sich um den heiligen Nikolaus rankten, darunter eine etwas blutrünstige: Einst soll Bischof Nikolaus drei Schüler, die getötet, zerstückelt und in einem Pökelfass eingelegt worden waren, wieder zum Leben erweckt haben. Zahlreiche Bilder, auf denen Nikolaus mit drei Knaben in einem Fass zu sehen ist, erzählen überall in Deutschland diese Geschichte.

Daraus entwickelte sich das Bild von Nikolaus als Freund der Kinder. Der Nikolaustag verschmolz seit dem 13. Jahrhundert mit einem anderen Fest, das am 28. Dezember gefeiert wurde, dem »Fest der Unschuldigen Kinder«. Damals kam auch der Brauch auf, die Kinder im Namen des Nikolaus zu beschenken, was wiederum auf eine weitere Legende zurückzuführen sein könnte: Demnach warf der wohltätige Bischof Nikolaus einst drei Schwestern, die zu arm waren, um zu heiraten, an drei Tagen nacheinander drei Goldklumpen durchs Fenster.

Nikolaus wurde zu einer Figur, die in der Nacht zum 6. Dezember heimlich vorbeikommt und Nüsse, Gebäck und Süßigkeiten in die bereitgestellten Stiefel der Kinder legt. An die Schifferlegende erinnert der Brauch, kleine Schiffchen zu basteln, in die Nikolaus seine Gaben legen sollte. An Weihnachten schenkte man sich damals gar nichts; das Fest diente eher der spirituellen Besinnung.

Erst Martin Luther und die Reformation veränderten diesen Brauch: Da man keine Heiligen mehr verehren wollte, wurden die Feierlichkeiten und die Sitte des Beschenkens auf Weihnachten verlegt. Statt Nikolaus brachte nun das Christkind die Geschenke. Am Nikolaustag gab es nur noch Kleinigkeiten.

Doch im katholischen Köln hielt man noch lange an Nikolaus als wichtigstem Gabenbringer fest, zumal er ja so etwas wie ein Stadtheiliger war. Aus dem heimlich kommenden Nikolaus wurde nun oft ein »leibhaftiger« Nikolaus, der mitsamt seinem etwas finsteren Knecht Ruprecht oder Hans Muff zu den Kindern kam und streng mit ihnen war: Kindern, die nicht brav gewesen waren, wurde mit der Rute gedroht. Im Kölner Dom gab es einen Beichtstuhl, auf dem Nikolaus mit den Schülern im Fass abgebildet war. In einen Schlitz in diesem Beichtstuhl pflegten die Kölner Kinder ihre Wunschzettel an den Nikolaus zu werfen.

Erst ab 1900 begann man, sich den Protestanten anzunähern, und der Nikolaustag verlor ein wenig an Bedeutung.

Der Nikolaus überrascht die Kinder, Ansichtskarte von 1914.

## Josef Klersch erinnert sich 1960 an den Nikolaus der alten Zeit in Köln:

»Aus dem durch die Adventslieder geschaffenen, sehnsuchtsvollen Verlangen nach dem Christkind heben sich die Feste der heiligen Barbara und des heiligen Nikolaus heraus, von denen besonders dem letzteren in früherer Zeit eine viel größere Bedeutung zukam als heute. Beide Heiligen genießen seit alters her im Rheinlande eine hohe Verehrung und mit dieser Verehrung verbanden sich bei dem Nikolaustage auch allgemeine weltliche Feiern und zum Teil auch Arbeitsruhe. So feierte auch die alte Universität Köln den Nikolaustag durch völliges Ruhen des Studienbetriebes, und fröhliche Schmausereien vereinten Professoren und Studenten. Was aber nach der Legende den heiligen Nikolaus zu seinen Lebzeiten auszeichnete, die Freude am Schenken und Gutestun, das übt er auch in seinem himmlischen Dasein noch gerne. Am Vorabend seines Festes kommt er auf seinem Schimmel geritten und beschenkt die Kinder, deren besonderer Freund er auch schon auf Erden war. Ihn begleitet der allerdings bedeutend weniger gern gesehene Hans Muff mit Sack und Rute; denn meist erscheint der Heilige persönlich, um zu loben und zu strafen. Damit er nicht vorbeireite und sie am Ende vergesse, pflegten die Kinder auf die Hausschwelle Hafer zu streuen, der seinen Schimmel anlocken sollte. Als Geschenke brachte ›der hellige Mann‹ Nüsse, Äpfel, Kuchen, Zuckerwerk und Göbbelcher, in den reicheren Familien auch das damals allerdings noch wenig entwickelte Spielzeug und Geld. Seit dem Barock kamen dann die zum Teil recht kunstvoll geformten Figuren aus Spekulatius und Printen hinzu. Erschien der Zinter Klos nicht selbst, dann stellten die Kinder ihre selbstgeputzten Schuhe oder Schüsseln zum Empfang der Gaben bereit.«

In neuerer Zeit ist der Nikolaus auch in Köln immer mehr vom Weihnachtsmann abgelöst worden, dem freundlichen Herrn im roten Mantel.

Der Weihnachtsmann wartet
am Hahnentor auf seinen Einsatz.

## DÄ NIKLOS BEI D'R FAMILIJE QUANZ!

Jetz woren et nur noch zwei Dag bis Niko-laus, un de Quanze woßten noch immer nit, wä de Hellige Mann maache sollt. Dä Quanze Henn, de Helllige Mann vum vö-rige Johr, hat de Schnuppe un wor esu heiser, als hätt'e grad fastelovend hinger sich. Beim Ohm Tünn woß mer nit rääch, ov hä nit an däm Ovend blau wor, un dann kräg hä off ene falsche Zungeschlag. Et blevv nur noch dä Ohm Arnold un grad dä, dä wollt nit. Hä hatt de richtige Fazung für die Roll, 1,85 huh un e Hängche hatt dä, e Hängche! Wenn dä dat op en Appeltaat laht, dann kunnts de froge: wo es se? De Mamm Quanz schwadten sich bal de Muul fusselig für ein erömzekrije, un de Tant Nett hing im de ganzen Dag am Fell. Se wollt doch dat schöne Gedeech, wat se gemaht hatt, an d'r Hellige Mann brengen. Ävver da Arnold wor zieh, ich, Hellige Mann, säht hä, nääää eher gon ich am hellen Dag nur em Hemp und me'm Zylinder üvver de Huh-Stroß.

Da ärmen Höösch!!! Hä kannt noch nit de Wiever. Se satzen im en god Fläsch Konjak vür de Nas. Dä Arnold nippte un nippte un kräch alt immer widder engeschott. Bal hat-ten se in em Sack. Eesch am anderen Mor-gen dämmerte et däm Arnold, wat hä ge-maat hatt, als et Nett met singem Gedeech erinngedanz kom, domet hä dat uswendig liehre sollt, do soch'e enn: Et gov kei Zoröck mieh! Un glich fingk och ald de eeschte Instruktionsstund an. Wör hä bloß nit esu schwer vun Begreff gewäse! Dat ärm Nett reß sich vür Verzwieflung bal de Pürk us, esu schmeß hä die Wööt vun däm Gedeech durchenein. D'r ganzen Dag, en jeder frei Minut mummelte dä Arnold an däm Gede-ech eröm. Hä hatt dodrüvver sugar et Ren-

dezvous met singem Ännche verschwitz. Wie hä no en halv Stund ze spät kom un dat in frogte, wo hä jetz eesch herköm do, kunnt'e nur sage:

*Vom Himmel, da komm ich gezogen!*

Bei Quanze wor derwiel en gruße Verände-rung vörgegange: dä Hellige Mann wor en Sich! Hä kom bestemp! Die 6 klein Quäntze, die söns em Huus eröm rosten, als wenn se d'r Düvel em Liev hätten, die woren esu brav wie de Engelcher. Et wood kene Nähl en et Gebünn geklopp, se däte de Tapet nit mieh met Röwekruck bemole, et kom nit alle Augenblecks einer heim met ener Büül am Koop oder de Botz zerresse. De Dürre woodten ganz höösch zogemaht, un de Trapp ging et Föößje für Föößjen erav. Dat Jüppche, dat söns nie Schavu mooch, wörgten die jetz erav, dat im bal de Auge vürm Kopp stundte, un et Schängelche, dä söns sämpliche Botterramme usfransele dät, frogte sugar, ov dann gar kein Kööschjer mieh do wöre. D'r Hungk »Möpp«, dä söns immer ganz verstoche unger däm Kana-pee log, stolzeete jetz unscheneet durch de Stuvv un wunderte sich, dat in keiner am Stätz trecke dät. Un wie gän hätte se all dran getrocke!! De Quanze Mamm hatt zor Zick eine Ärm zovill, et wor ävver och gar keiner dor, dä se kamesöle moot.

De Nikelaus-Ovend wor do! Em Schlof-zemmer stund dä Arnold un woot für singe Optrett parat gemaht. Zoeesch lahten sie im e jroß Bettlake öm un bungen dat ganze öm dö Buch eröm met einem Gerößstrick zesamme. Öm etz Kinn bastelte se im dö ahlen Familjebart, wo ald schwer de Motte

drenn wore, op de Augebraue klävten se im met Röwekruck klein Böschelcher us Watt. Als Pürk hatte se im us Wattzibbele ene Kranz zesammefisternöllt, un wie hä dä om Kopp hatt, do soch hä us wie de »Vater Rhein«, däm et Geheens engefrore es! Doch de Mötz drop braht alles widder en de Reih. De Fööß moot hä en e Paar große Holz- klumpe stoppe, dann noch e groß Papp- schild, wo op der Rücksick »Persil bleibt Persil« stunnt, en de Hand, un de Hellige Mann wor fädig.

Derwiel stundt dä Quanze Tünn nevven im un schott im us d'r Konjaks-Fläsch Mot en. Nur fresch drop loßbubbel, säht hä, nit bang sinn, un vergeß mer nit, da Schängche en d'r Sack ze stoppe.

Sprech noch ens flöck et Gedeech, beddelt et Nettche, un dä Arnold raspelte zum dau- sendste Mol eravv:

*Vom Himmel komm ich gezogen*
*Die Kinder zu beschenken*
*Wer bös ist und verlogen*
*Den werd ich mit Hieben bedenken.*

Gott sei Dank, et klapp, säht et Nett, loß gon. Un eh de dann erenn gehs, mähste e beßje Krach. Un de Hellige Mann maht Krach!! Bis an de Dür hatt hä en dä Klumpe bal dreimol de Hals gebroche, dat de Familje Quanz, die en de Köch deech gedränk öm dö Desch eröm soß, dudverschreck zesammezuckte. Drop bumste hä vür die Dür, dat beihnöks de Füllung erusfeel, klinkte op und an stundt hä do en singer ganze Herrlichkeit!!

Zoeeesch et Gedeech, dach dä Arnold un wollt grad esu schön anfange, do soch hä op eimol all die Auge op sich gereech. Hä

wor esu verbastert, dat hä nit mieh »Kies« sage kunnt. Un do stundt et Nett, maht de Muul op un zo wie ene Schellfwesch un lispelte: vom, vom, vom, vom ... un zeigten dobei met d'r Hand nohm Himmel. Do kom hä widder zo sich. Dat Gedeech ävver? Wat wor jetz? Die wööt, die hatt'e, ävver wo gehohten se hin? Stänegranatedonnerkiel, die verdammte Fraulück! Ävver wie hatt dä Tünn gesaht? Fresch drop loßbubbele. Un schon laht hä loß:

*Vum Zoch kumm ich gehimmelt*
*Die Kinder zu verschenken*
*Die bös verbogen sind*
*Die Hippen werd ich schwenken. Aus!*

Däm Nett feel vür Schreck de Brell vun d'r Nas, un dat Altdeutsch Knüüzje vun singer Frisur stallt sich op Sturm. De Mamma Quanz dät sich vür Opregung vüre un hin- ge sähne, un nur dä Tünn met singem gode Gemööt säht: Dat hätt'e fein gemaht!

Doch de Hellige Mann wor jetz en Fahrt: Sind die Kinder brav gewesen? Donnerten hä, un wer muß he kamesölt weede? Da Jüppche, wo hä ald lang ene Pech drop hatt, kloppten däm bal de Boddem us d'r Botz, nur domet hä einswiele jet ze dunn hatt. Dobei brollt hä: Wees du noch eimol deinem Ohm Arnold Jückpolver an de Kragen dunn? Wees du noch eimol deine liebe Ohm Arnold »Blootwoosch« schänge, waht, du Saujung! Un dat Jüppche gömerte un schreite un rievten sich sie Hingerdeil. Do kräch dä Hel- lige Mann ene Knupp vun links, dä kom vum Nettche, un dat tuschelte: Arnold, Arnold, du friß jo dä ganze Bart. Un dann krächte hä ene Stupp vun rääche, do ranzen in de Mama Quanz an: Du beß well verdötsch, du schleihs mir jo ming Puute kapott. Un laut

säht se: Hellige Mann, nu is et aber genug, die Kinder wollen jetz auch alle brav sein. »Ja, liebe Heilige Mann, mer wolle all brav sein«, schreiten dat ganze Kroppzeug. Na ja!, säht dä Nikelaus, ich will schon enit eso sein, un hier hab ich euch auch wat mitgebrach. Un dobei schott hä dä ganze Noß-Sack met Nöß, Printe, Spekelatius un Äppel op de Desch. Dä Ress met dä Grömmele krääch de Tant Billa üvver dä fresch onduleete Bubikopp. No woht et och langsam Zick, dat de Hellige Mann erus kom. Sing Augebraue fingen an ze rötsche, un de Konjak wor och nit vun Pappendeckel gewääse. Doch zoeesch noch schnell et Schängche en d'r Sack erenn.

Wie verschwomme soch hä dä kleine griese Spetzboov ungen am Desch setze. Doch dä hatt Lünte geroche, bis op drei Schrett leet

hä dä Nikelaus erankumme, luppten dann se Hingerdeil, un ruck, zuck soß hä unger däm Desch. Nevven im dä Opa kunnt'en nit mieh faß halde, un dä Arnold soh jetz nur jet Grieses un wollt domet en de Sack erenn, doch dat wehrten sich met Ärm und Bein un fuchtelte im wie weld öm de Nas eröm. Do wood dä Nikelaus falsch: Wat, schreiten hä, du griese Räuber wells nit, ich wääde dir helfe brav gägen große Lück ze sinn! Hä hoot un soch garnit, dat hä dä ärme Opa geschnapp hatt, un schwenkten dä wie ene Spölsplagge hin un her. Un eh noch einer jet für dä Opa dunn kunnt, dät dä Arnold ene Bröll, als wenn hä sich op de glöhnige Ovvens-Ovven erusgeschosse un hatt däm Hellige Mann de Zinken en de Hinderfront geschlage, dat dä de Engelcher fleute hoot! Dä kleine Hungsknoche reß un beß, als wöl

Nikolaustreffen in Köln, Dezember 2014.

Der hellige Mann kütt! Der Weihnachtsmann passiert in seiner Kutsche den Rheinauhafen — bei der bunten »Christmas Parade« am Rheinufer.

hä dä lange Kääl op eimol eravvschlecke. Dä Arnold kannt sich selvs nit mieh, wie ene Rachegott fägten hä däm Höllehungk noh un schlog mem Stav donoh däm Nett op de Höhnerauge! Donoh kom hä widder an et stolpere, un kladderadatsch hung hä met d'r Nas em Kollkaste. Dä Hoot rollte en de Stuvv un wood vom Möppe en Stöcke geresse. Opspringe, däm Hungk noh wor eins. Un dann kom et Finale!!! Dat Lake hatt sich am Ovvensfooß gefange, ene Ruck, un do stund dä Ohm Arnold. »Hellige Mann ade«! Ne Anbleck schaurig-schön: Op däm knallrude Kopp wor dät Kranz met dä wattzibbele op de Nas gerötsch, unger däm Mottbart kom et Ungerjäckche erus, dat Pappdeckelsscheld hatt sich erömgerdrieht, un mer kunnt lesse: Persil bleibt Persil!

Dann kom däm Arnold sie Boxerbötzje donoh en ganze Zick garnix mieh, un unge soch mer die mächtige Klumpe.

Zoeesch hat die Mamm Quanz nit Häng genög für dä Quös, de Auge zozehalde. Et Nett schreite noh Kölsch-Wasser. Un selvs dä Tünn moot sich ens stärke.

Un de Arnold? Wie vum Deuvel gejag, sauste hä us d'r Köch erus. Dä Möpp wie esu en Geffnudel hingerdrenn.

Dä Arnold es söns e genööchlich Gemööt, mer kann met im von allem spreche, nur nit mieh vum Hellige Mann!

*Jean Jenniches*

# ZINTER KLOS

Zinter Klos, Zinter Klos, leeve hell'ge Mann!

Bräng mer doch, bräng mer doch, bräng mer ne Weggemann.

Ne Weggmann met nem Piefche un och e paar Häng voll Nöß.

Dien golden Hätz de Kinder kennt, dröm bes do uns och god gesennt.

Och leweve hell'ge Mann, bräng mer ne Weggemann.

Zinter Klos, Zinter Klos, komm met däm Hans Muff.

Bräng vun fän Himmelssähn en uns kleine Stuvv.

Meer wollen och schön bedde un hören stell op dich.

Die Rot, die loß em Sack nor dren, mer wellen immer adig sin.

Och komm met däm Hans Muff, bräng Sägen en uns Stuvv.

Klingeling, klingeling, tapp un tapp un tapp.

Luuster ens, luuster ens, ungen op der Trapp.

Ich hören in ald kumme met singem schwere Trett.

Watt hä wahl vun uns sage weed, wann hä dat große Boch opschleit?

Tapp, tapp un tapp un tapp, hä eß ald op der Trapp.

Zinter Klos, hell'ge Mann, komm, mer waden all.

Deer zor Ehr singe mer fruh met hellem Schall.

Mer dun deer gän verspreche, nor brav zu sin un got.

No maach och dinge Sack ens op, mer freuen uns ald lang dorop.

Hör doch dä fruhe Schall, un komm, mer waden all.

*Albert Schneider*

Heinz Kroh, Weihnachtsmarkt
an St. Aposteln, 1953.

# AUF DEN KÖLNER
# WEIHNACHTSMÄRKTEN

Manche Kölner sagen, auf den Weihnachtsmärkten sei es zu voll, zu kommerziell, zu wenig besinnlich. Doch inzwischen gibt es in unserer Stadt so viele verschiedene Weihnachtsmärkte, dass für jede(-n) etwas dabei ist. Und plötzlich ist sie dann doch da, die Weihnachtsstimmung: wenn man mit Freunden oder Kollegen Glühwein trinkt, wenn der Kinderchor auf der Weihnachtsmarktbühne so niedlich singt, wenn die Bäume voller Lichter hängen, wenn es nach Tannennadeln, gebrannten Mandeln und Waffeln duftet, wenn hinter dem Netz aus winzigen Lämpchen erhaben der Dom aufragt oder wenn doch mal ein paar Flocken vom Himmel fallen.

Zur Einstimmung in einen Streifzug über die Kölner Weihnachtsmärkte berichtet Peter Kintgen vom »Kreßmaat em ahle Kölle«:

# KRESSMAAT EM AHLE KÖLLE

We ich dis Dag durch die met Girlande gezeete Geschäffsstroße ging, un sohch do ei' Geschäff schöner we et andere, do fel mer widder ein, wat de ahl Broichmanns uns dozemol verzallt hatt vum Kreßmaat em ahle Kölle.

De Broichmanns wor en echte Kölsche. Met 80 Johr wor se noch esu kregel wie Püngelche Flüh. Verzälle kunnt dat Fräuche wie e Boch. Se wonnte bei uns em Huus bovvenop en zwei Stüvvjer. An dä lang Ovende soß klein un groß döck öm se eröm. Müsjestell wor et, wann de Broichmanns no verzallt:

Et gov dozemol en unsem Kölle noch kein Stroße met stärkem Geschäffsbedrevv. Un kein Geschäffsstroße, die ovends durch all die ville Lampe noch heller sin wie d'r hellechten Dag. Stellches ging dat dozemol av en dä Geschäffte. Och en denne Woche vör Kreßdag. De »Zo Döhr«, die dät als »fein« gelde. Hückzodag, (laachten de Broichmanns), mäht mer de Geschäffsdör spannewick op. De Zigge dunn sich ändere.

Aevver om Kreßmaat – »de Hötte« sähte meer doför – jo, do wor allerhand los! Dor wor Huhbedrevv! Om Heumaat stund dann Bud an Bud, Krom an Krom un Stand an Stand en lange Reihe. Do kunnt mer alles, ävver och rack alles gelde, wat e Kinderhätz sich wünschen dät uns alles, wonoh de Hätze von denne »Große« Verlange hadden.

Do gov et alle »nötzliche Saache«: Stoff un Kleid, Mante, Muff un Schützel; Schohn un Stivvel, Schluffe; Rock un Kamesol! – – Do stundte Kröm met Pareplüs und Pattesolls, Stöck un Höt un Kappe – och Metzer, Schiere, Uhre, Brelle, Stallatän und Lämmetsgan.

Nitt zo vergesse: die große Bude met vill, vill, Spillsaache. Do sohch mer: Schöckelpäd un Poppewage, Helm un Zäbel, Trumm un Fleut, Poppe met Holzköpp un vun Porzellan, Poppestuvv un Poppeköch, Burg un Festung, Laterne-Magika un Baukaste.

Aevver dat wor noch nit alles. Zwesche disse Kröm, do stundten Scheßbude und Müllcher, d'r »Bellige Jakob«, Urgelsmänner un – wä och nit fählen durf – d'r »Moritatensänger«.

Meer – also mingen Uehm minge Krestian (Gott trüs in ein d'r Iwigkeit) un ich – meer besoken och jedes Johr »de Hötte«, för et Kreßkindche zo bestelle. – – »Kumm, Billa«, sähte dann luuter, »meer welle he vun d'r Malzmüll uus erenn gonn en dä Bedrevv. Do kumme meer am beste eren en dat Spill.«

Noo ging et loß. Eine Verkäufer ref noch lauter we d'r andere: »Lecker, lecker: Spekulatius und Moppen; alles ist hier zu verkloppen!« »Echt' Tiroler Alpenbrot! Macht die Wangen frisch und rot!« »Haut ihn, den Lukas! Für einen Silbergroschen!«, reef d'rtösche 'ne Käl, drei Zentner schwer.

Knubbelewies stundten de Lück öm d'r Moritatensänger eröm. Met enem lange Stock dät die »Bunnejät« op die gruselige Bilder zeige, die an einer lang Stang hunge. En Möhn – esu schwer wie de Germania om Nidderwalddenkmol – soß om Hutschpöttche und drihten en heißer Uergelche. Und d'r »Sänger« sung met singer Tronsstemm d'rzo:

»Kunz von Kunzensteinm, der edle Ritter/hatte ein gar böses Weib./Ach, es machte ihm das Leben bitter!/Hier seht ihr Kunzens Leichenstein ...«

Aevver och et Hännesje dät nit fähle om Kreßmaat. Et ref: »Kutt eren, kutt eren, leev Lück! Beim Hännesje erhollt üch hück! Dä Grosche nit gereut för 'ne ganze Püngel Freud!«

(...)

Noh drei Stund om Kreßmaat wore meer ganz durchgedriht von allem Sinn und Hüre. Schwer bepack schöckelten mer dann en e altbekannt Kaffeehuus, Bovve Maatpooze. We meer uns do jet gestärk hadden, fuhre meer met d'r Pädsbahn vergnöglich heim.

*Peter Kintgen*

# »HEIMAT DER HEINZEL«

»De Hötte«, wie der Weihnachtsmarkt auf dem Alter Markt und dem Heumarkt wegen der vielen Buden genannt wurde und von dem auch Kintgen schreibt, war der erste Weihnachtsmarkt in Köln. 1820 wurde er erstmals veranstaltet, zunächst noch als Nikolaimarkt bis zum 6. Dezember, ab etwa 1830 bis zum 31. Dezember, also ähnlich wie heute. Die Kölner Weihnachtsmarkttradition ist damit eine noch ziemlich junge, jedenfalls im Vergleich zu den Traditionsweihnachtsmärkten in Städten wie Nürnberg, München, Augsburg oder Dresden.

Offensichtlich war schon damals richtig viel los auf dem Weihnachtsmarkt – allerdings ohne die heute üblichen Glühweinbuden. In einer Polizeiverordnung von 1852 heißt es:

»Zur Verlosung der Standplätze werden nur diejenigen Marktbesucher zugelassen, welche sich zur Errichtung von ordentlich gezimmerten, wo möglich aus ganzen Borden zusammengesetzten, mit guten Schlössern versehenen Buden verbindlich machen. (...) Den mit Leinwand überzogenen und den offenen Krambuden werden erst nach der Unterbringung der gezimmerten Buden Plätze angewiesen, in sofern deren noch vorhanden sind.

Das lärmende Ausrufen der Waaren wird den Feilbietern ausdrücklich untersagt. Die Verabreichung geistiger oder anderer Getränke ist untersagt. In den Buden darf weder Kaffee gekocht, noch dürfen selbst Kessel mit brennenden Kohlen zur Erwärmung geduldet, vielmehr müssen alle feuergefährlichen Anordnungen vermieden werden. (...)

Zum Marktbesuche werden nur in Köln wohnende gewerbetreibende Feilbieter zugelassen. (...)

Die Gegenstände der Feilbietung dürfen in sogenannten Kinderspiel-Waaren und in Eßwaren bestehen; erstere von Holz, Eisen, Zinn, Blei, Kupfer, Leder, Geweben, Korbgeflechten u.s.w., einzeln oder in Verbindung, sämmtlich jedoch in so kleinen Ausdehnungen, daß sie als Kinder-Spielwaaren zu betrachten sind, oder zu Weihnachts-Geschenken sich eignen. (...) Von Eßwaaren sind Kuchen, Back- und Zuckerwerk sowie Obst und Südfrüchte zugelassen. Sollten Feilbieter den Bestimmungen dieses Artikels zuwider mit anderen Gegenständen Markt halten und den Anordnungen der Polizei- oder Marktangestellten hinsichtlich der Entfernung unzulässiger Waaren nicht augenblicklich Folge leisten, so sollen sie dem Polizeigerichte zur Bestrafung überwiesen und ihre Buden geschlossen werden.«

Der Markt erfreute sich großer Beliebtheit; allein auf dem Heumarkt standen bald über 90 Verkaufsbuden. Doch vielleicht wurde der Markt zu groß, jedenfalls wurde er 1885 abgeschafft, und eine Weile gab es in Köln keinen richtigen Weihnachtsmarkt mehr.

Zwischen den Weltkriegen und in den 1950er-Jahren fanden hier und da kurzlebige Weihnachtsmärkte statt (zum Beispiel auf dem Neumarkt), doch eine durchgehende neue Weihnachtsmarkttradition kam erst wieder ab den 1970er-Jahren auf (wie übrigens auch in vielen anderen Teilen Deutschlands): 1970 wurde auf dem Neumarkt, 1977 auf dem Alter Markt erstmals wieder ein Weihnachtsmarkt aufgebaut.

Heute heißt der Weihnachtsmarkt auf dem Alter Markt »Heimat der Heinzel«. In den verschiedenen Gassen – von der »Antikgasse« bis zur »Handwerkergasse« – wird traditionelles Kunsthandwerk angeboten. Besonders beliebt, vor allem für den einen oder anderen Glühwein im Freundes- oder Kollegenkreis, ist natürlich die »Futtergasse«.

Auf dem Alter Markt,
im Hintergrund der
Rathausturm.

Gute Stimmung in der Futtergasse.

Der »Markt der Engel« auf dem Neumarkt.

# »CHRISTMAS AVENUE«

2012 bekam die Kölner Weihnachtsmarktfamilie erneut Zuwachs: Die »Christmas Avenue« in der Schaafenstraße nahe dem Rudolfplatz ist Kölns erster schwullesbischer Weihnachtsmarkt.

WEIHNACHTSMARKT AM KÖLNER DOM

## UM DEN DOM IM DÄMMERSCHEIN

Um den Dom im Dämmerschein
Stehen Weihnachtsbäume,
Duften in die Stadt hinein
Frisch, wie Waldesträume.

Ringsherum die Kinderschar
Schaut mit großen Augen,
Welcher Baum wohl dieses Jahr
Mag dem Christkind taugen.

Und ich denke mir beim Seh'n,
Wie der Weg verschieden,
Den die grünen Bäume gehen
In der Weihnacht Frieden.

Dort ein schimmerndes Portal,
Hier die kleine Hütte,
Tränen dort, hier Jubelschall,
Christkind in der Mitte.

Freuden mehrst du, kaum gewusst
Bringst zur Ruh' die Schmerzen,
Wunderbaum, in jeder Brust
Zünden deine Kerzen!

*Max Wallraf*

Kaum zu glauben, aber der Weihnachtsmarkt am Dom fand erst 1995 zum ersten Mal statt – dabei bietet der Dom doch *die* Kulisse für weihnachtliches Treiben. Heute ist er nicht nur der größte und beliebteste Weihnachtsmarkt Kölns, sondern sogar deutschlandweit: Vier Millionen Besucher kommen jedes Jahr, darunter viele Touristen aus dem In- und Ausland.

160 Buden mit allerlei weihnachtlichen Dingen stehen im Advent auf dem Roncalliplatz.

# VON KUSCHTEIEN UND SCHÖZENEEREN

Jetzt ist wieder die Zeit für frisch geröstete Kastanien – oder Kuschteie, wie sie auf Kölsch genannt werden. Heute gehören die köstlichen Handwärmer zu einem Gang über den Weihnachtsmarkt einfach dazu; früher, bevor die Kartoffeln aus Südamerika nach Europa kamen, waren sie dagegen ein Grundnahrungsmittel für die armen Leute, das mit seinen Nährstoffen auch gegen Rheuma und Gicht helfen sollte und als Kraftfutter für Tiere verwendet wurde. Geröstet und anschließend weich geköchelt (heute verwendet man dazu Bratensoße), waren sie eine sättigende Beilage zu Gemüse und – sofern man es sich leisten konnte – zu Fleisch. Häufiger dienten sie als Suppeneinlage, und aus ihrem Mehl wurde Brot gebacken.

Auch die Schözeneere, die Schwarzwurzel, war ursprünglich ein Arme-Leute-Essen. Ihr kölscher Name stammt von der spanischen Bezeichnung »Scorzonera«, denn aus Spanien kam sie um 1600 nach Deutschland. Noch heute wird sie auch Winterspargel oder »Spargel des armen Mannes« genannt. Die schwarze erdige Schale muss – am besten mit Handschuhen – gewaschen und geschält werden. Dann wird das Gemüse in Salzwasser gekocht und mit Milch und saurer Sahne angemacht.

Kuschteien und Schözeneeren – Kastanien und Schwarzwurzeln – eignen sich hervorragend als herzhafte, wärmende Suppe nach einem Weihnachtsmarktbesuch:

# Winterliche
# SCHWARZWURZEL-ESSKASTANIEN-SUPPE

**Zutaten:**

600 g Schwarzwurzeln
4 EL Zitronensaft
1 Knoblauchzehe
1 Zwiebel
150 g Esskastanien (vorgekocht oder geröstet
vom Weihnachtsmarkt)
200 g mehlig kochende Kartoffeln
1 EL Pflanzenöl
ca. 1 l Fleischbrühe
150 g Sahne
2 cl Weißwein
Salz
frisch gemahlener Pfeffer

**Zubereitung:**

**1** Die Schwarzwurzeln mit Handschuhen schälen, waschen und in eine Wasserschüssel mit Zitronensaft geben.

**2** Die Kastanien ggf. schälen und hacken. Knoblauch, Zwiebel und Kartoffeln schälen und in kleine Würfel schneiden.

**3** Das Öl in einem Topf erhitzen und Zwiebel, Knoblauch und Kastanien goldbraun braten.

**4** Zwischenzeitlich die Schwarzwurzeln abgießen, abtropfen lassen und in Stücke schneiden. Zusammen mit den Kartoffeln zu den Kastanien in den Topf geben und die Brühe angießen. Aufkochen und circa 20 Minuten auf niedrigerer Temperatur gar köcheln lassen. Anschließend die Suppe pürieren und durch ein Sieb streichen. Zurück in den Topf geben, Sahne und Weißwein einrühren und je nach gewünschter Konsistenz noch etwas einköcheln lassen oder mehr Brühe hinzugeben.

**5** Vor dem Servieren mit Salz und Pfeffer abschmecken.

# »NIKOLAUSDORF«

Seit 1997 gibt es auch auf dem Rudolfplatz einen Weihnachtsmarkt. Vor der Kulisse des mittelalterlichen Hahnentors entstand 2014 erstmals ein uriges Nikolausdorf; bis dahin fand hier der Märchenweihnachtsmarkt statt.

# WEIHNACHTSMARKT IM STADTGARTEN

Den Weihnachtsmarkt im Stadtgarten gibt es seit 2006. Touristen finden bisher eher selten den Weg hierher; ein Großteil der Besucher kommt aus Köln. Über 90 Aussteller bieten modernes und nostalgisches Kunsthandwerk an – im Rotationsprinzip, damit für Abwechslung gesorgt ist. Auch hier ist es oft voll, aber das macht es auch gemütlich, und unter lauschigen Bäumen gibt es viele Ecken, wo man sitzen und etwas Deftiges essen kann. Besonders gemütlich ist es natürlich bei knackig kaltem Wetter.

Am Schokoladenmuseum direkt am Rhein bestand von 2000 bis 2010 ein mittelalterlicher Weihnachtsmarkt. Seit 2011 wird hier ein Hafenweihnachtsmarkt aufgebaut – komplett mit Matrosen, Schiffen und leckeren Fischbrötchen.

Während die Eltern am 15 Meter langen 3-Master-Holzschiff »Trudel« Winzerglühwein genießen können, drehen die Kleinen ihre Runden auf dem historischen Karussell.

# Geis do op d'r Weihnachtsmaat

**Refrain:**
*Jo, geis do op d'r Weihnachtsmaat,*
*jo, geis do do ens hin,*
*e Schöppche Glöhwing akurat,*
*e Schöppche, dat moß sin!*

Ein Schöppche Glöhwing mäht vill us
m'r wärmb sech dran de Häng.
Beim zweite bubbelt et sech jot,
et lockert deer de Zäng.
Et drette Schöppche wärmb de Därm,
brengk Föör en et Liev.
Beim veete ess et dann su wick,
de Bein die wäde stief.

*Jo, geis do op'd'r Weihnachtsmaat ...*

Wie et d'r Zofall mänchmol will,
dŏ, medden em Gewäul,
do trof ich op däm Weihnachtsmaat,
ne Schullfründ, minge Päul.
»Wat han mer lang uns nit gesin,
sag aan, wat mähs do noch?
Kumm drink e Schöppche Glöhwing met,
eih Schöppche drinks do doch?!«

*Jo, geis do op d'r Weihnachtsmaat ...*

Weil sech dä Päul nit lumpe leet,
gov hä e Schöppche us.
Un weil et vill zo schwade gov,
gingk m'r noch nit noh Hus.
»Modzackerjüh«, su reef dä Päul.
»Halt aan, ming Frau ess fott,
se hät de Schlössel un et Geld,
wie peinlich, leeve Gott.«

*Jo, geis do op d'r Weihnachtsmaat ... (2×)*

*Ludwig Sebus, »JO JEIHS DO OP D'R WEIHNACHTSMAAT«.*
*Dabbelju Musikverlag Wolfgang Löhr*

Weihnachtliche Stimmung am Hafenweihnachtsmarkt, im Hintergrund St. Maria Lyskirchen.

## VORWEIHNACHTSZEIT & KÖLSCHE GESELLIGKEIT
# DAS PASST PRIMA

In der Adventszeit treffen sich die Kölner gern mit Freunden und Kollegen zum fröhlichen und gemütlichen Erzählen – ob auf den vielen Weihnachtsmärkten, im Brauhaus, beim Gänseessen in den traditionellen Wirtshäusern, zum Singen oder bei anderen weihnachtlichen Veranstaltungen. Wenn es draußen regnet (wie so oft in Köln), ist es drinnen umso behaglicher, doch sonst findet das Kölner Leben auch im Winter vielfach auf der Straße statt.

Oben: vor dem Brauhaus Sion
in der Altstadt.
Rechts: am Heumarkt.

So ändern sich die Zeiten: Im Gegensatz zu 1852 gibt es heute jede Menge »geistige Getränke« auf den Weihnachtsmärkten.

# Weihnachtliche Mitsingtraditionen

Zu der allgemein bekannten Geselligkeit der Kölner kommt eine außerordentliche Sangesfreude hinzu, die sich nicht nur an Karneval äußert, sondern auch an Weihnachten. Zeugnis geben die unzähligen stimmungsvollen CDs mit kölschen Weihnachtsliedern (fast) aller bekannten und weniger bekannten kölschen Bands.

Dass es sich aber nicht nur um klassische Weihnachtslieder in kölscher Mundart, sondern um echt kölsche Weihnachtslieder handelt, dafür ist Ludwig Sebus zu danken. Als Krätzchensänger hatte er sich im Kölner Karneval längst einen Namen gemacht, als er 1989 gemeinsam mit dem Kölner Komponisten Gerhard Jussenhoven das erste eigenständige kölsche Weihnachtslied mit dem Titel »Wie schön es doch die Zick« veröffentlichte. Es folgten weitere Lieder, darunter »Wä hät vun mingem Teller dä Weggemann stibitz?« und »Zint Barbara«.

Im Dezember 1995 lud Sebus – auf Anregung des damaligen Intendanten Franz-Xaver Ohnesorg – zu einer ersten mundartlichen Weihnachtsveranstaltung unter dem Motto »Kölsche Weihnacht – Et jeit op Hillig Ovend aan ...« in die Philharmonie ein. Zusammen mit befreundeten Kölner Musikern wie den Bläck Fööss, den Höhnern, King Size Dick und Marie-Luise Nikuta füllte er das ausverkaufte Haus mit weihnachtlicher Stimmung. Doch mit 88 Jahren war Schluss: Nach 25 Veranstaltungen ließ Sebus 2013 seine »Kölsche Weihnacht« zum letzten Mal stattfinden. Dennoch ist und bleibt sie Vorreiterin für die vielen weiteren Weihnachtsveranstaltungen, die es inzwischen gibt.

## Wie schön es doch die Zick

D'r Dag, dä ess su koht
un düster wed et flöck
de Pänz sin vun d'r Stroß
un kroose en d'r Eck
de Mamm hat sech e Kännche
Kaffee opgeschött
wie schön ess doch die Zick
bevör et Chreßkind kütt!

Loor nor wie strenge sech
die Püütcher mächtig aan
ärg brav zo sin
wie se et och versproche han
däm Hell'je Mann dä kom
zo lesse de Levit
wie schön ess doch die Zick
bevör et Chreßkind kütt!

Met große Auge waachem Senn
un rude Köpp
su luusche opgeräch
die luuse kleine Ströpp
däm Weihnachtsmärche
wat de Mamm zom Beste jit
wie schön ess doch die Zick
bevör et Chreßkind kütt!

Dä Döff vun Spretzgebäck
un Spekulatius
trick heimlich vun d'r Köch
uhs dörch et ganze Huus
Et Näs'che nie jet schön'res
ens zo rüsche kritt
wie schön ess doch die Zick
bevör et Chreßkind kütt!

Et schneit
em wieße Kleid »Adschüß« säht d'r Advent
d'r Hellig-Ovend dä ess do
d'r Chreßbaum brennt
süch nor dä Glanz
dä en dä Kinderauge litt
wie schön ess doch die Zick
bevör et Chreßkin kütt!

*Text: Ludwig Sebus,*
*Melodie: Gerhard Jussenhoven*

## WEIHNACHTSSTIMMUNG ZUM MITMACHEN

Gänsehautgarantie gibt es bei den beiden Adventmitspielkonzerten in St. Agnes und im Kölner Dom. Unter dem Titel »Lieder im Advent« öffnet St. Agnes ihre Pforten für alle Kölnerinnen und Kölner, die zuvor festgelegte Weihnachtslieder singen oder auf ihren Instrumenten musizieren wollen. Das Miteinander, nicht die Professionalität, steht im Vordergrund, und falls jemand schief spielt oder den Ton nicht trifft, ist das egal: Hauptsache, alle stimmen sich gemeinsam auf das Weihnachtsfest ein. Unterstützt werden die Sänger und Musiker von den Höhnern und anderen prominenten Sängern. Und vom Publikum zu Hause! Denn das Konzert in St. Agnes ist ein ganz besonderes Mitmachkonzert: Da es aufgezeichnet und im Dezember mehrmals im Fernsehen ausgestrahlt wird, sind auch die Zuschauerinnen und Zuschauer vor den heimischen Bildschirmen dazu eingeladen, mitzusingen oder mitzuspielen – die Noten sind per Videotext oder auf einer Website abrufbar.

Wer doch lieber live dabei sein möchte, bekommt beim Mitmachkonzert im Dom eine zweite Chance, in großer Runde Weihnachtslieder zum Besten zu geben. Beeindruckende 4 000 Menschen kommen hier seit 2010 zusammen und erfüllen mit ihren Liedern den Kirchenraum, der schon vieles erlebt hat, aber sicherlich noch nicht so oft die Klänge eines Chors und Orchesters, die sich nie zuvor gesehen, geschweige denn miteinander musiziert haben. Auch hier unterstützen die Höhner und andere prominente Musiker die Kölner Bürgerinnen und Bürger, und ebenso wie in St. Agnes sollte sich jeder Interessierte ab Oktober für die Konzerte anmelden.

## CHRESSDAACHS- UN WINTERLEEDER SINGE

Wer keinen Platz bei den Adventmitspielkonzerten ergattert hat, braucht nicht bis Karneval zu warten. Denn die ursprünglich karnevalistische Mitsinginitiative »Loss mer singe« gibt es inzwischen als Weihnachtsausgabe: Im Dezember 2006 hieß es in der Kneipe Anno Pief am Eigelstein »Loss mer kölsche Chressdaachs- un Winterleeder singe«, 2007 zog man ins »Schlüters in Weidenpesch« und blieb dort bis 2009. Im selben Jahr fand auch das erste Winter- und Weihnachtsliedersingen auf dem Weihnachtsmarkt am Alter Markt statt. Günter Schwanenberg, der bereits seit 1983 die Weihnachtsmarktbesucher mit seiner Gitarre zum Mitsingen anregt, ist regelmäßig mit dabei. Ganz besonders weit öffnen sich die Herzen, wenn auch die Touristen von außerhalb mittels der verteilten Texthefte die kölschen Lieder mitschmettern. Typisch

kölsch ist es aber auch, dass neben den mundartlichen auch hochdeutsche, englische, italienische, niederländische und sogar polnische Töne angestimmt werden. Und ist es auch noch so kalt: Die Besucher schunkeln und singen sich vorm Jan-von-Werth-Denkmal gemeinsam warm, wie auch inzwischen auf anderen Märkten, zum Beispiel vor der großen Bühne auf dem Weihnachtsmarkt am Dom.

Sogar Kirchen werden zur Bühne: 2011 war der Auftakt für die neue Weihnachtsveranstaltung »Himmel & Ääd« in der Lutherkirche in der Südstadt. 500 Gäste stimmten bei den fröhlich-festlichen Liedern mit ein und lauschten dem weihnachtlichen Chorgesang. 2014 fand der vorweihnachtliche Mitsingabend in der Südstadt sogar an drei Abenden statt – die Veranstaltung ist beliebt.

Stefan Knittler lädt im Rahmen von »Loss mer singe« zum »Singenden Weihnachtsmarkt« auf dem Roncalliplatz.

## WEIHNACHTSLIEDER FÜR DIE OHREN

Für diejenigen, die lieber singen lassen und sich aufs Zuhören konzentrieren wollen, gibt es natürlich auch eine große Auswahl an Weihnachtslieder-CDs – sowohl in Mundart als auch auf Hochdeutsch. Ganz besondere Lieder zwischen Schwelgerei auf den ersten und Sozialkritik auf den zweiten Blick singt die im Herzen Kölns beheimatete Band Erdmöbel. Welch schöne Tradition: In ihrem Tonstudio »Musikkollektiv Eigelstein« entsteht seit 2007 alljährlich ein Weihnachtslied; 2014 erschienen diese und einige weitere weihnachtliche Songs auf der CD »Geschenk«. Die schönen Melodien, in denen teils auch klassische Weihnachtslieder wie »Tochter Zion« anklingen, tragen die Texte leicht ins Ohr, wo die Worte ihre volle Wirkung entfalten. Erdmöbel besingen in ihren Liedern Weihnachten in seiner heutigen Form: Was ist geblieben von dem religiösen Fest, und wie steht es um den Kommerz?

# KLING GLÖCKCHE KLINGELINGELING

**Refrain:**
Kling Glöckche klingelingeling,
Kling Glöckche kling.
Setzt ehr fein em Wärme,
denkt och an de Ärme,
dot beim Weihnachtsfiere
e paar Mark spendiere.

**Refrain**

Bräng üch schön Geschenke,
sollt leev an mich denke,
Marzipan un Prumme,
Chresskind es gekumme.

**Refrain**

Loot mich en ühr Hüüscher,
han su kaale Fööscher,
maht mir op de Dürre,
loot mich nit erfriere.

**Refrain**

Hell erglänz et Tännche,
Jänsche brödsch em Pännche,
dot beim lecker Esse,
Chresskind nit vergesse.

**Refrain**

Bei »Loss mer singe« (siehe
Seite 84) wird auch gern die
FC-Strophe gesungen:

Springböckche, springelingeling,
Jeißböckche spring!
FC Köln weed Meister,
Leverkusen beißt er,
FC Köln bleibt Sieger,
nie mehr zweite Liga.
Springböckche, springelingeling,
Jeißböckche höpp!

# DOM-PLÄTZCHEN

Mürbeteigplätzchen zählen zum klassischen Weihnachtsgebäck. Sie lassen sich vielfältig dekorieren, sind hübsch anzusehen – und vor allem im Nu zubereitet. Und weil das Ausstechen so eine Freude bereitet, haben auch Kinder Spaß an der Weihnachtsbäckerei. Kölner Kinder freuen sich natürlich über Plätzchen in Dom-Form, die sich in den Kölner Farben Rot und Weiß glasieren lassen. Und wer keine Lust auf Ausstechen hat, formt Kreise und stempelt den Dom einfach drauf: mit dem Keksstempel vom emons-Verlag.

Zutaten:

325 g Mehl, zusätzlich etwas mehr
zum Arbeiten
1 gestrichener TL Backpulver
100 g Zucker
1 Päckchen Vanillinzucker
1 Ei
200 g kalte Butter oder Margarine
2 EL Sahne

Für die rote Glasur
125 g Puderzucker
2-3 EL Himbeersirup
Für die weiße Glasur
125 g Puderzucker
2-3 EL Zitronensaft

## Zubereitung:

**1** Das Mehl mit dem Backpulver auf eine saubere Arbeitsfläche sieben. In die Mitte eine Mulde drücken.

**2** Zucker, Vanillinzucker und Ei in die Mulde geben und mit etwas Mehl zu einem dicken Brei verarbeiten.

**3** Die Butter in Stücke schneiden, auf den Brei geben, die Sahne dazugeben, mit Mehl bedecken und alles von der Mitte aus zu einem glatten Teig verkneten. Zu einer Kugel formen und in Frischhaltefolie gewickelt 1 Stunde in den Kühlschrank stellen.

**4** In der Zwischenzeit Backbleche mit Backpapier auslegen und den Backofen auf 180 °C vorheizen. Die Arbeitsfläche mit Mehl bestreuen und den Teig dünn darauf ausrollen. Mit dem Dom-Ausstecher Plätzchen ausstechen, auf das Backblech verteilen und im Backofen 8–10 Minuten goldbraun backen. Herausnehmen und auf einem Kuchengitter erkalten lassen.

**5** Mit dem restlichen Teig ebenso verfahren, bis alle Plätzchen gebacken sind.

**6** Für die rote Glasur Puderzucker mit Himbeersirup verrühren, für die weiße Puderzucker mit Zitronensaft. Die abgekühlten Plätzchen damit bepinseln und nach Belieben mit den Mustern variieren.

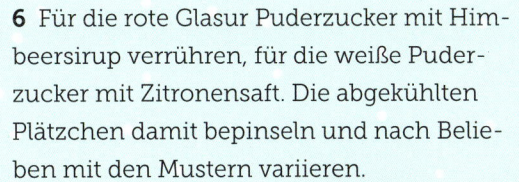

Winterspaziergang im Bergischen,
Februar 1979.

# Weihnachten
## IST NICHT MEHR FERN, WENN ...

... eine feine Schneeschicht das Bergische Land in eine Winterwunderwelt verwandelt. Wenn sich der Briefkasten des Christkinds im oberbergischen Engelskirchen mit immer mehr Wunschzetteln füllt. Wenn in Siegburg die Kramer und Zünftler auf dem Marktplatz einziehen und ihre Waren aus aller Herren Länder feilbieten sowie längst vergessene Handwerkskünste wieder aufleben lassen. Wenn am Rande der Eifel eine Wasserburg in weihnachtlichen Lichterglanz getaucht und Ort eines mittelalterlichen Krippenspiels wird.

# WEIHNACHTEN
## IM KÖLNER UMLAND

Auch das Kölner Umland stimmt sich in der Adventszeit mit allerlei Attraktionen auf das Weihnachtsfest ein. Anders als in Köln kann man vor allem im Bergischen Land auf weiße Weihnacht setzen. Die Gemeinde Odenthal ist mit einem gut ausgebauten Wanderwegenetz ideal für einen winterlichen Spaziergang durch funkelnde Schneelandschaften, über Hügel und durch Wälder. Den Kleinen öffnet sich im Deutschen Märchenwald Altenberg die Welt der Brüder Grimm, und im beeindruckenden Altenberger Dom werden an Weihnachten feierliche Gottesdienste von Protestanten und Katholiken gefeiert – seit 1857 ist der Dom Simultankirche. Wer übrigens aus Köln anreist, um ihn zu besuchen, der darf den Altenberger nicht mit dem Kölner Dom vergleichen: Als Kirche der Zisterzienserabtei ist er nach dem sogenannten Idealplan asketisch-einfach gebaut: Kirchtürme und ein Westwerk sucht man vergebens, stattdessen gibt es einen Dachreiter, in dem die vier Glocken hängen.

### DIE BELIEBTESTE DEUTSCHE CHRISTKINDPOSTFILIALE IN ENGELSKIRCHEN

Im oberbergischen Engelskirchen eröffnet alljährlich im November das Christkind seine Schreibstube, und das bereits seit 1985, als die ersten »An das Christkind« adressierten Briefe bei der Deutschen Post eintrafen. Gemeinsam mit einem Dutzend fleißiger Helfer beantwortet das Christkind die über 150 000 Briefe, die ihm der Postbote jährlich zustellt. Oftmals sind es nicht die materiellen Dinge, die auf den Wunschzetteln ganz oben stehen: Jan hätte gern »eine Schwester, die nicht nervt, und einen Freund, der nicht immer petzt!«, und Jannik träumt von einem Zimmer, das sich von allein aufräumt. Viele berichten von der Vorfreude auf Weihnachten und wie viel ihnen das Fest mit der Familie bedeutet: »Mir ist langweilig ohne Weihnachten«, schreibt Naomi. Johanne sorgt sich dagegen, ob ihre Wünsche in Erfüllung gehen, denn: »Ich war nett und gut zu allen – außer zu Mama und Papa.«

Aber es sind nicht nur deutsche Kinder, die sich mit ihren Wünschen an das Christkind in Engelskirchen wenden. Aus über 50 Ländern kommen die liebevoll gestalteten Wunschzettelbriefe, die oftmals auch kleine Geschenke, bunte Bildchen oder Süßigkeiten enthalten – aus Spanien, Kanada oder Weißrussland und sogar aus China, Hongkong und Thailand. Zum Glück können das Christkind und seine fleißigen Helfer auch kyrillische, chinesische, thailändische und alle anderen Buchstaben und Schriftzeichen lesen, sodass jedes Kind einen Antwortbrief bekommt.

In den Briefen erzählt das Christkind über seine Arbeit, die Vorbereitungen für Weihnachten, gibt Basteltipps zum Fest und geht auf die interessierten Fragen der Kinder ein: »Wo wohnst du?«, »Von wem bekommst du eigentlich was zu Weihnachten?«, »Bist du ein Mann oder eine Frau?« oder »Wie siehst du aus?« Jeweils am dritten Adventswochenende können sich große und kleine Kinder selbst ein Bild davon machen. Dann nämlich lädt das Christkind in sein himmlisches Postamt am Engels-Platz 2 ein und beantwortet alle Fragen persönlich. Zeitgleich findet draußen ein Christkindmarkt statt.

Wer das nicht schaffen sollte, erreicht das Christkind unter der Adresse »An das Christkind, 51777 Engelskirchen«. Für einen Antwortbrief den Absender nicht vergessen!

Das Christkind in Engelskirchen beantwortet alljährlich die Weihnachtspost aus aller Welt.

## WEIHNACHTLICHES MITTELALTER IN SIEGBURG

In Siegburg, eine halbe Stunde Autofahrt südlich von Köln, wird die Zeit im Advent ins Mittelalter zurückgedreht. Ab dem ersten Adventswochenende schlagen über 100 mittelalterlich gewandete Handwerksleute, Musici, Gaukler und weit gereiste Händler ihre Zeltstadt auf dem Siegburger Markt unterhalb des Michaelsbergs auf. Drei Wochen lang entführen sie die Besucher in die Welt des Mittelalters, wenn sie Waren wie handgeschnitzte Löffel oder selbst gemachte Seifen in mittelhochdeutscher Sprache anpreisen. Filzer, Zinngießer, Seiler und Riemenschneider führen ihre Handwerkskünste vor, gespeist wird mittelalterlich-rustikal, getrunken wird Met aus Tonbechern. Unter den Klängen von Trommel und Dudelsack verzaubern Gaukler, Jongleure und Spielleute mit ihrem Können. Puppentheater und Märchenerzähler begeistern die kleinen Besucher. Beliebt ist das mittelalterliche Karussell, das erst durch die Muskelkraft der Mütter oder Väter Fahrt aufnimmt. Wer wissen will, ob das Christkind die gewünschten Geschenke bringen wird, kann die Wahrsagerin dazu befragen.

Besonders stimmungsvoll ist ein Besuch ab dem späten Nachmittag. Dann nämlich schaffen Öllampen, Fackeln und Kerzen eine authentische Mittelalteratmosphäre, in der sich jegliche Hektik der vorweihnachtlichen Großstädte abstreifen lässt.

Vor historischer Kulisse findet auf Burg Satzvey die romantische Burgweihnacht statt.

## HISTORISCHE BURGWEIHNACHT IN SATZVEY

Auf einer der schönsten Wasserburgen des Rheinlands, der Burg Satzvey im Eifeldorf Mechernich-Satzvey, öffnet an allen vier Adventswochenenden ein historischer Weihnachtsmarkt seine Pforten. Fleißige Elfen in kostbaren Gewändern empfangen die Gäste, die schon bald von dem nicht nur im Burghof weihnachtlich-romantischen Treiben erfasst werden. In der Werkstatt des Weihnachtsmanns helfen die Elfen den Kindern beim Basteln und Gestalten der Wunschzettel, die anschließend dem Weihnachtsmann übergeben werden, und in der Backstube verzieren sie mit den Kindern duftende Lebkuchen. Für leuchtende Kinderaugen sorgt der samstägliche Besuch des Nikolaus, dann nämlich, wenn er die mitgebrachten Stiefel befüllt.

Etwas ganz Besonderes ist das mittelalterliche Krippenspiel im Park der Burg, das in seiner detaillierten Gestaltung und den historischen Kostümen dem der Stauferzeit nachempfunden ist. Mit Glockengeläut und Proklamationen auf Latein und Mittelhochdeutsch, die sodann ins Deutsche übersetzt werden, wird die Weihnachtsgeschichte in lebendigen Szenen erzählt und nachgespielt.

Und wer sich etwas mittelalterliche Weihnachtsstimmung mit nach Hause nehmen oder sogar verschenken will, wird auf dem historischen Handwerkermarkt fündig. Auf dem Gelände rund um die Burg gibt es von Weihnachtskrippen und Holzspielzeug über Christbaumschmuck und Seifen bis hin zu Räucherwerk eine große Auswahl handgearbeiteter Geschenke. Kulinarische Spezialitäten aus der Region sorgen zudem für das leibliche Wohl während der Burgweihnacht.

# Weihnachtliches
# KINDERVERGNÜGEN

Früher hatten die Kinder in Köln (und anderswo) in der Winterzeit einen eigenen Festtag: den »Tag der Unschuldigen Kinder« am 28. Dezember. An diesem Tag durften in den Klosterschulen zuvor gewählte kleine Jungen das Amt eines »Kinderbischofs« ausüben; in Privathaushalten konnten die Kinder ausgelassen feiern und über Dinge bestimmen, bei denen sonst die Erwachsenen das Sagen hatten.

Heute ist fast die ganze Weihnachtszeit auf die Kinder ausgerichtet. Vom Martinsumzug bis zum Sternsingen, vom Weckmann bis zur Bescherung: Gerade im Advent pflegen wir mit den Kindern gern alte, lieb gewonnene Traditionen.

In vielen Kölner Familien sind über die Jahre neue Traditionen hinzugekommen: Die einen gehen jeden Advent alle zusammen ins Theater, um sich ein Weihnachtsstück anzusehen, die anderen bummeln über einen Weihnachtsbasar, und wieder andere schauen sich nach Weihnachten die Krippen in den Kirchen an. Auf den Kölner Weihnachtsmärkten wird allerhand für die Kleinen geboten, und auch der weihnachtliche Veranstaltungskalender bietet enorm viel für Kinder. Zwischen Kindergarten- und Kollegen-Weihnachtsfeier, Einkaufsstress und Plätzchenbacken fällt es da manchmal schwer, eigene Familientraditionen zu schaffen und mit den Kindern bewusste Weihnachtsmomente zu erleben. Am einfachsten ist es mit den Kleinsten: Die freuen sich schon über all die vielen Lichter.

Junge Zuschauer bei der Märchenerzählerin auf dem Weihnachtsmarkt im Stadtgarten.

# WEIHNACHTEN
## ist nicht mehr fern, wenn ...

... bei Galeria Kaufhof in der Hohe Straße die munteren Steifftiere ins Schaufenster einziehen und die Kinder sich nicht sattsehen können. Seit über 50 Jahren werden die Schaufenster mit den Stofftieren dekoriert; fünf Tage dauert der Aufbau. Und viele Kölnerinnen und Kölner, die heute eigene Kinder haben, erinnern sich daran, wie sie sich selbst vor vielen Jahren an der Tierschau erfreut haben. In so mancher Familie aus Köln und dem Umland ist es eine lieb gewordene Tradition, sich im Advent die Schaufenster anzusehen.

## SEIT DEM JAHR 2000 TRADITION: DAS WEIHNACHTSSTÜCK »OX UND ESEL«

»Ox und Esel« von Norbert Ebel ist ein etwas anderes Krippenspiel: Die Geschichte von Jesu Geburt wird hier aus der Sicht von Ochs und Esel erzählt. Ox kommt hungrig in seinen Stall, doch in seiner Krippe liegt ein weinendes Baby! Erst macht er den Esel dafür verantwortlich, und es kommt zu einem vergnüglichen Disput, doch dann fragen sich beide – besorgt und etwas ungelenk –, was nun mit dem hilflosen Kind anzustellen sei, wie sie es füttern, wickeln und vor den Soldaten des »Herrn Rodes« retten könnten.

Das liebevoll-ulkige Stück, das auch ein paar Slapstickeinlagen hat, wird nun schon seit über 15 Jahren in der Vorweihnachtszeit im Kölner Horizont-Theater gespielt und von Groß und Klein heiß geliebt. Von Beginn an

Ox und Esel auf ihrer »Futterkrippe«.

wurden Ox und Esel von Andreas Strigl und Martin-Maria Vogel dargestellt, mittlerweile ein eingespieltes Team. Auch nach so langer Zeit mache ihnen das Stück immer noch Spaß, sagt »Ox« Andreas Strigl, denn es gebe ja immer eine lange Pause, und außerdem sei das Publikum immer wieder anders: Wochentags kommen eher Kindergarten- und Schulgruppen, an den Wochenenden auch Erwachsene. Manche leihen sich gar Kinder aus, um nicht allein in einem »Kinderstück« gesehen zu werden ... Je näher Heiligabend rückt, desto mehr Stammpublikum kommt in die Vorstellung und desto ausgelassener wird die Stimmung – da wagen Ox und Esel dann auch schon mal ein kleines Tänzchen als Zugabe. Manch einen hat das Kultstück schwer beeindruckt: Strigl berichtet von einem jungen Kölner Kollegen, der wegen »Ox und Esel« Schauspieler geworden sei – er hatte das Stück mit fünf Jahren gesehen. Man darf gespannt sein, wie viele weitere Jahre das Stück auf dem Programm steht. Die Darsteller sind jedenfalls hoch motiviert; Bühnenbild und Kostüme gut in Schuss. »Nur unsere Futterkrippe«, verrät Andreas Strigl, »die müssen wir manchmal reparieren, das ist nämlich eine IKEA-Kommode ...« Für den Schauspieler, der aus Tirol stammt, ist die Weihnachtszeit ohne »Ox und Esel« gar nicht mehr denkbar. Abends nach dem Stück trinkt er mit Freunden gern noch einen Glühwein auf dem Weihnachtsmarkt am Rudolfplatz, und auch am Nachmittag des Heiligen Abends steht er auf der Bühne. Danach wird dann aber groß Weihnachten gefeiert. Seine winterliche Heimat vermisst er deshalb gar nicht – auf Besuch nach Tirol fährt er einfach im Sommer.

Großen Spaß machen auch Karussellfahren und Schlittschuhlaufen. Beides kann man auf dem Heumarkt, wo
jeden Advent eine sensationell große Schlittschuh-
bahn aufgebaut wird, die bis ins neue Jahr stehen
bleibt.

Immer ein Vergnügen:
Schlittschuhlaufen
auf dem Stadtwald-
weiher, 1940 …

… und auf dem
Decksteiner
Weiher, 1996.

# Winterfreuden im Köln des 19. Jahrhunderts

»Auch der Winter hat seine Kinderfreuden. Flockt der erste Schnee, dann jauchzen die Kinder: ›Die Mutter Gottes schütte das Bettlein des Heilandes auf, und die Engel die Betten der Heiligen.‹ Fällt starker Schnee, werden auf den Plätzen Schneemänner gebildet, je kolossaler, je schöner, deren Augen, Nase und Mund aus Holzkohlen geformt; mit alten Besen oder Knitteln ist die Rechte bewaffnet. Allgemein war das Schneeballenwerfen, oft in den engen Straßen, da sich auch Erwachsene daran betheiligen, ein so großer Unfug, daß die Nachbarschaften die Fenster-Blenden schließen. Ich erinnere mich noch, daß in der Bechergasse ein Mädchen, von Schneeballen verfolgt, fiel und todt blieb. Durch alle Straßen rasten die Schlitten der Knaben bis in die Nacht hinein. Selbst Pferdeschlitten kamen noch vor. Was wurde von den Knaben nicht aufgeboten, um in den Straßen und auf den Plätzen recht große Schleifbahnen zu haben? Die schönste Schlittenbahn in der Stadt bot der jäh ablaufende Domhof. Unbeschreiblich ist der Knabenjubel an den freien Tagen und an den Sonntagen auf demselben, und nicht selten geschieht es, daß den Baracken an der Ostseite die Thüren mit den Schlittstühlen eingerannt wurden, wobei es natürlich Schelte und auch oft Ohrfeigen absetzte. Die erwachsenen Knaben übten das Schlittschuhlaufen auf den Eissäumen des Rheines und den Weihern in der Nähe der Stadt. Die Kleineren übten sich in den Straßen und auf den Plätzen auf einem Schlittschuh, den gar oft eine Ochsenrippe ersetzen mußte.«

*Ernst Weyden*

Kölner Kinder im winterlichen Severinsviertel, 1889, Gemälde von Wilhelm Scheiner.

*Severinskloster mit Durchgang nach der Sieche hin, 1889.*

Schlittschuhlaufen auf zugefrorenen Gewässern kann man in Köln heute nur noch alle paar Jahre – und auch dann nicht unbedingt auf dem Rhein, wie es Willy Millowitsch in seinem Lied beschreibt.

## WENN ICH SU AAN FRÖHER DENKE

Wenn ich su aan fröher denke,
sin ich mich als kleine Panz
met de Fründe erömjöcke
jeden Daach d'r Rhing elans.

**Refrain**:
*Nä, wat wor dat für e Juchze.*
*Jo, dat wor de schönste Zick.*
*Wenn ich hück esu draan denke,*
*kütt die janze Freud zeröck.*
*(Kütt die janze Freud zeröck)*

Un om Rhing dann Schlittschoh laufe,
wenne zojefrore wor.
Un donoh Kuschteie kaufe.
Jo, su wor et jedes Johr.

**Refrain**

Hellichovend en de Chreßmett
Jing m'r met de Eldre hin.
All die Leechter un dat Singe
Jeiht m'r nie mih us dem Senn.

**Refrain**

Un am nächste Morje däte
Mer et Tannebäumche sin.
Dät d'r Papp mem Glöckche lügge,
durf m'r den de Stuff eren.

**Refrain**

Un dann sohe mer die Saache,
die et Chreßkind hatt jebraat.
Domet däte mer dann spille.
Jung, dat hät ne Spaß jemaat.
(Jung, dat hät ne Spaß jemaat)

**Refrain**

Wenn ich hück esu draan denke,
kütt die janze Freud zeröck.

*Gesang: Willy Millowitsch*
*Text und Melodie: Hans Knipp*

Der Herkulesberg (»Mont Klamott«) hat zwei Rodelhänge – einen mit und einen ohne Sonne. Immer im Hintergrund: der KölnTurm am MediaPark.

# WEIHNACHTSEINKÄUFE IN KÖLN –
## *gestern und heute*

Schon seit Jahrzehnten ist Köln für Touristen und Menschen aus dem Umland vor allem eines: eine Einkaufsstadt, besonders zur Weihnachtszeit. Schildergasse und Hohe Straße gehören traditionell zu den belebtesten Einkaufsstraßen Deutschlands, weshalb die Kölner samstags lieber woanders einkaufen gehen. An den Adventswochenenden bricht Köln alle Shoppingrekorde: Dann wird es in der Fußgängerzone manchmal so voll, dass sie wegen Überfüllung geschlossen werden muss. Statt der schönen, einheitlichen Weihnachtsbeleuchtung aus früheren Tagen hängen daher heute im Advent große Banner über der Straße, die den nächsten Fluchtweg in die Seitenstraßen zeigen.

Darüber, dass die Weihnachtszeit so kommerziell geworden ist, mag man sich beschweren. Tatsächlich wussten clevere Geschäftsleute aber schon im 19. Jahrhundert, dass sie ihre Waren zu Weihnachten besonders gut loswerden konnten. Der Brauch des Schenkens an Weihnachten war damals gerade erst im Entstehen. Vielerorts hatte zwar schon das Christkind den Nikolaus als Geschenkebringer abgelöst, aber außer den Kindern bekam höchstens das Gesinde Geschenke. Dass sich Erwachsene gegenseitig etwas schenkten, war noch sehr neu.

Doch schon 1876 machten Werbetexte in Kölner Zeitungen den Käufern Vorschläge für Weihnachtsgeschenke: »Die Beantwortung der Frage: ›Wo finden wir die niedlichen Dinge, um die krausen Locken des Waldkindes zu schmücken, und die Spenden, welche der hl. Christ bescheren soll?‹ fällt in unserem Köln gewiss nicht schwer. Eine Umschau in den vielen großen und kleinen Geschäftshäusern unserer Stadt wird gar bald alles Begehrenswerte und Zweckdienliche in Hülle und Fülle finden lassen. Zeigen da beispielsweise die prächtig ausgestatteten Schaufenster von Engelbert Kayser an der Ecke der Hoch- und Brückenstraße nicht eine überreiche Auswahl der geschmackvollsten und zierlichsten Gegenstände, allerliebste Nippsachen und Luxusartikel, Dinge zum Schmuck und zum täglichen Gebrauch, wie man sie passender für Geschenke kaum wünschen mag? Gleich nebenan in dem Geschäfte von Julius

Auf dem Stern handgeschrieben: ich Wünsche Mir ein fernglas ich bin 5 Jahre att Justin ○○○

# Wunschzeddel

Leev Kreßkingche, ich wünsche meer
Ne schöne Poppehääd vun Deer,
Met Wasserscheff un Piefche.
Et kummen jeden Friedag fresch
Rievkoche bei meer op der Desch.
Denk an e Äppelsrievche.

Ming Pöppche hätt nix öm un ahn,
Muß Bötzge, Mötzge, Jäckche han.
Dun im jet Nettes strecke.
Wann Do meer widder Wollstrümp brängs,
(Nit schlemm, wann Do och nit drahn denks),
Bräng ävver kein, die jöcke.

Der Kauflade eß we geropp.
Dä hätt ich gän speckevoll gestopp.
Un och e neu Kunsöllche.
Un met der Wog stemmp och jet nit.
Loor doch ens noh, wodrahn dat litt.
Ich krige noch e Knöllche.

Bräng ens ne ganz, ganz huhe Baum.
Ich wor su brav, dat gläuvste kaum.
Ich ha'meer Möh gegovve.
Em vörus Dank un schöne Groß
För Dich, der hellige Zinterklos
Un all Ding Engelcher bovve.

*Lis Böhle*

Der Wunschbaum
im Kölner Haupt-
bahnhof wird
rege genutzt.

Schramm mag der aufmerksame Gatte und vorsorgende Vater in den schönen Zimmer- und Fenster-Ausstattungen, in den reichen Teppichen und anderen Geweben für die Gattin und die ihren eigenen Hausstand gründende Tochter hinlänglich Auswahl treffen. Die Gummi- und Guttapercha-Warenfabrik von Kühne, Sievers und Neumann an der Brückenstraße bietet neben sehr vielen dem Bedürfnis entsprechenden Fabrikaten Spiel- und Schmuckwaren in ganz allerliebsten Sachen und Sächelchen, bunte Puppen und Tiere, bemalte Bälle, Ballons, Reise-Necessaires und die verschiedensten Toilette-Gegenstände.«

Damals entstanden in der Innenstadt auch die ersten großen Geschäftshäuser sowie die 1863 eröffnete Passage »Königin-Augusta-Halle« mit 55 Läden. 1907 folgte die noch heute bestehende Stollwerck-Passage; 1914 eröffnete Leonhard Tietz an der Kreuzung Schildergasse/Hohe Straße das Stammhaus seiner Kaufhauskette (heute Galeria Kaufhof), in dem 1925 die erste Rolltreppe Deutschlands eingeweiht wurde. Den imposanten Bau des Architekten Wilhelm Kreis kann man noch heute bewundern, denn die Fassade blieb im Krieg unzerstört. Tietz selbst war von den Nationalsozialisten enteignet worden.

Anzeige des Spielwarengeschäfts Feldhaus (das bis 2006 bestand), Anfang des 20. Jahrhunderts.

# DIE WEIHNACHTLICHE KÖLNER INNENSTADT – 1937 BIS HEUTE

1937 hängt über der Hohe Straße ein überdimensionaler Adventskranz.

1938 ist die Hohe Straße mit Sternen geschmückt.

Neumarkt, Ecke Zeppelinstraße, 1938: Das 1912 erbaute Kaufhaus Gords führt Seidenstoffe, Wäsche und Mode.

1950 gibt es zwar noch etliche Kriegslücken im Stadtbild, aber immerhin hat die Hohe Straße schon seit 1948 eine hübsche Weihnachtsdekoration mit Engeln und Sternen. Die Hohe Straße war bereits ab 1948 tagsüber für Autos gesperrt. 1966 wurde die Schildergasse, 1967 auch die Hohe Straße offiziell zur Fußgängerzone – beide zusammen eine der ersten und auch längsten Fußgängerzonen Deutschlands.

1955 präsentieren die Auslagen – hier bei Foto Kleinholz auf der Hohe Straße – luxuriöse Geschenke.

In den 1950er- und 1960er-Jahren schmückt eine hübsche Weihnachtsbeleuchtung aus Tannengirlanden mit Glocken die Hohe Straße. 1956 werden die Weihnachtseinkäufe ordentlich mit Anzug und Hut erledigt.

Die Dekoration der Schildergasse (hier Richtung Neumarkt, 1957) fällt dagegen etwas sparsamer aus.

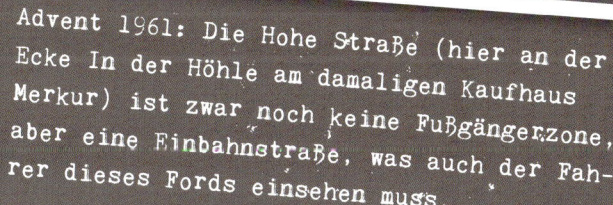

1962 herrscht auf der Hohe Straße reger vorweihnachtlicher Betrieb – nicht einmal 20 Jahre nach der vollständigen Zerstörung.

Advent 1961: Die Hohe Straße (hier an der Ecke In der Höhle am damaligen Kaufhaus Merkur) ist zwar noch keine Fußgängerzone, aber eine Einbahnstraße, was auch der Fahrer dieses Fords einsehen muss.

1976: Die Weihnachtsbeleuchtung der 1970er-Jahre erinnert an Blumen.

2011: im weihnachtlichen Trubel auf der Hohe Straße – die gar nicht besonders weihnachtlich aussieht, sondern stattdessen auf einem grün-weißen Banner Flucht-wege ausweist. Die Kölner kaufen heute auch gern abseits der Fußgängerzone ein, wo es noch mehr traditionsreiche, inhabergeführte Läden gibt – ob in den Veedeln oder in Einkaufsstraßen wie der Severin- oder der Apostelnstraße.

## DAMALS PILGER, HEUTE TOURISTEN – IM ADVENT KOMMEN ALLE NACH KÖLN

Wer an die Vorweihnachtszeit in Köln denkt, dem fällt als Erstes ein: Da ist es voll in der Stadt! Die Kölner unternehmen ihre Weihnachtsmarktbummel denn auch lieber an den Wochentagen, denn an den Adventssamstagen herrscht großer Andrang. An jedem dieser Samstage rücken allein 600 Touristenbusse an; hinzu kommen Besucher, die per Auto, Flusskreuzfahrt, Bahn oder Flugzeug anreisen.

Rund 40 Prozent der Weihnachtsmarktbesucher kommen aus dem Ausland, die meisten aus den Beneluxländern und Großbritannien, doch man hört auch Schwyzerdütsch, Französisch und Italienisch. Trotz der Enge sind die Kölner Weihnachtsmärkte sehr beliebt – als Kölner bekommt man von den ausländischen Touristen viel Lob zu hören. Die unerfahrenen Briten holten sich in Köln gar Weihnachtsmarkt-Nachhilfeunterricht und veranstalteten vor einigen Jahren an der Themse einen »Cologne Christmas Market«. Inzwischen gibt es dort gleich mehrere Weihnachtsmärkte nach Kölner Vorbild.

Besonders an den Adventswochenenden tummeln sich auf dem Weihnachtsmarkt sehr viele Menschen – doch der Dom sorgt trotz allem für eine festliche Atmosphäre.

# Wunderschöne
# VEEDELS-WEIHNACHT

Die Kölner lieben ihre Veedel, die nicht nur Wohnort, sondern ein Lebensgefühl sind. Kein Wunder also, dass sie sich auch an Weihnachten allerlei Schönes für ihr Veedel einfallen lassen, um sich gemeinsam mit Familie, Freunden und Nachbarn auf das Fest der Liebe einzustimmen. Fast überall gibt es eigene Weihnachtsmärkte, die teils nur an einem oder mehreren Adventswochenenden geöffnet haben (darunter der Weihnachtsmarkt in Rondorf, in der Nippeser Kulturkirche, in Dellbrück, Dünnwald, Porz und Neubrück, aber auch in Rodenkirchen, Sürth, Weidenpesch, Worringen und Zollstock) oder aber durchgehend über mehrere Wochen im Advent (zum Beispiel die Weihnachtsmärkte am Wiener Platz in Mülheim oder an der Kalker Post). In Ehrenfeld laden die Anwohner der Körnerstraße zum Weihnachtsbasar, in Sülz ist es die finnische Gemeinde. In diesem Stadtteil liegt übrigens auch die Kölner Weihnachtsstraße, während in der Neuehrenfelder Landmannstraße das Lichterfest gefeiert wird und sich die Südstädter an ihrem neuen weihnachtlichen Treffpunkt an der Feuerzangenbowle erfreuen. Häuslicher geht es dagegen in Vogelsang zu: Hier findet der erste Kölner Wohnzimmer-Weihnachtsmarkt statt.

## LEBENDIGER ADVENTSKALENDER IN DEUTZ

Etwas ganz Besonderes hat sich der Deutz-Dialog, das Forum und Netzwerk für Bürger und Initiativen, für das rechtsrheinische Deutz einfallen lassen: den »Lebendigen Adventskalender« von Deutzern für Deutzer. 24 Tage lang öffnet sich jeweils ein Türchen, hinter dem sich ein von den Veedelsbewohnern selbst gestaltetes Programm für Groß und Klein, Alt und Jung verbirgt. Bei der Erstausgabe 2014 bestand es neben Lesungen, Bastel-, Kunst- und Singevents aus einer Bandprobe auf dem Balkon (Türchen 3), einem Nikolausempfang im festlich geschmückten Gewölbe der Alten Abtei (Türchen 7) und einem Puppentheater im Küchenfenster (Türchen 8). Die Aktionen fanden sowohl drinnen als auch draußen statt, und immer waren sie feierlich-besinnlich. »Wärme von innen« (Türchen 11) kam in Form von Tee und Grog aus einem Küchenfenster heraus und verbreitete sich schnell unter den Nachbarn, die sich neu kennenlernten und ihr Deutz ohne den hektischen Weihnachtsstress in Ruhe genießen konnten. Aber auch bestehende Traditionen wurden gewahrt: Hinter dem 14. Türchen verbarg sich der Düxer Adventsklaaf, der seit 2012 auf dem Kirchplatz vor St. Heribert stattfindet. Das Programm ist bunt und kölsch: Gospel, Märchen sowie kölsche und jazzige Weihnachtsmusik begeistern nicht nur die Düxer Nachbarn, sondern locken auch die linksrheinischen Kölner über den Rhein op de Schäl Sick.

## EIN STÜCK FINNLAND IN SÜLZ: DER FINNISCHE WEIHNACHTSBASAR

Köln hat nicht nur eine finnische Partnerstadt (Turku), sondern auch eine recht große finnische Gemeinde. Die residiert in einem hellen, modernen Gemeindehaus in der Sülzer Wittekindstraße, und dort kann man alljährlich am ersten Advent skandinavische Adventsatmosphäre atmen. Auf dem Weihnachtsbasar (»Joulumyyjäiset«) lässt es sich behaglich bei Glühwein, Kaffee und Zimtschnecken zwischen lauter finnischsprachigen Kindern am Weihnachtsbaum entspannen. Zu kaufen gibt es alle erdenklichen finnischen Produkte – Bier, Lakritz, Brot, Senf, Honig, Schokolade, Saunakosmetik, Mode ... –, und bei der Tombola gewinnt jedes Los.

## »LICHT AN!« BEIM LICHTERFEST IN NEUEHRENFELD

Die Weihnachtsbeleuchtung im Veedel abzuschaffen, darauf käme in der Landmannstraße niemand. Ganz im Gegenteil: Hier wird sie seit Jahren feierlich und offiziell vom Ehrenfelder Bezirksbürgermeister eingeschaltet – im Rahmen des Lichterfests vun Pänz för Pänz, jeweils am Samstag vor dem ersten Advent. Während es sich früher auf die Landmannstraße konzentrierte, findet das Lichterfest seit 2014 auf dem Lenauplatz statt. Vor der Kulisse des riesigen, liebevoll geschmückten Weihnachtsbaums präsentieren Kindergartenkinder und Schüler aus dem Veedel gemeinsam mit Musikgruppen eigene Werke. Alles dreht sich ums Licht, und entsprechend ist das Erleuchten des Weihnachtsbaums und des Schmucks in der Landmannstraße bei Einbruch der Dunkelheit der Höhepunkt, zu dem längst nicht mehr nur die Bewohner Ehrenfelds zusammenkommen. Bis es am Nachmittag so weit ist, beteiligen sich auch viele Einzelhändler in der Landmannstraße mit besonderen Aktionen: Märchen für die Kleinen, Musik für die Großen sowie Lesungen und köstliche Waffeln für alle!

Der liebevoll geschmückte Weihnachtsbaum auf dem Neuehrenfelder Lenauplatz, auf dem das Lichterfest gefeiert wird.

## BUNT, HIP UND GEMÜTLICH: WEIHNACHTEN AUF DER KÖRNER-STRASSE IN EHRENFELD

Jedes Jahr an einem Sonntag Anfang Dezember wird es auf der Ehrenfelder Körnerstraße weihnachtlich: Dann arbeiten Ladenbesitzer und Anwohner Hand in Hand, um den Bummel über den Weihnachtsbasar so schön wie möglich zu gestalten. Die Läden sind geöffnet und bieten tolle Weihnachtsgeschenke, vom Ehrenfeld-T-Shirt bis zum Designer-Dekoobjekt. Dann gibt es die vielen liebevoll und eigenwillig geschmückten Stände: Da wird in großen Töpfen Suppe gekocht, werden Sofas auf die Straße getragen, Glühweinbecher und selbst gebackene Plätzchen aus der Küche gereicht. Man kann im Hinterhof Tischtennis spielen, Zettel an einen Wunschbaum hängen, Honig von Ehrenfelder Bienen und Marmelade aus Ehrenfelder Pflaumen kaufen, multikulturelles Essen genießen oder einer Band lauschen. Meistens wird es richtig voll. Übrigens steht an einem Ende der Körnerstraße ein Geschenkschrank: In den kann man ungeliebte Weihnachtsgeschenke hineinstellen (und/oder sich etwas herausnehmen).

Auf dem Körnerstraßen-Weihnachtsbasar.

## FEUERZANGENBOWLE IM VRINGSVEEDEL

Eine ganz neue Attraktion gibt es seit 2014 auf dem Chlodwigplatz: die größte Feuerzangenbowle der Welt mit 3,40 Meter hohem Kessel, 2,50 Meter Durchmesser und einem Fassungsvermögen von 9 000 Litern. 48 Stunden und 40 Kilowattstunden Strom braucht es, um den Inhalt zu erwärmen. Doch die Mühe lohnt sich: Der Duft nach Rotwein, Orangen, Zitronen, Zimt und Nelken liegt in der Luft, dazu der tanzende Feuerschein über dem Kessel, der die Szenerie vor der Severinstorburg in ein weihnachtlich-romantisches Licht taucht und unter den Besuchern ein stimmungsvolles Miteinander aufkommen lässt. Bei einem »wenzigen Schlock« des klassischen Wintergetränks können sie sich die Stummfilmversion der »Feuerzangenbowle« anschauen. Der Kultfilm mit Heinz Rühmann alias Dr. Johannes Pfeiffer (mit drei f) wird auf die Severinstorburg projiziert. Natürlich dürfen auf einem typischen Weihnachtsmarkt auch die Holzbuden nicht fehlen.

Neben kulinarischen Köstlichkeiten sind es die Produkte der Einzelhändler aus dem Severinsviertel, die auf dem Markt angeboten werden. Für die folgenden Jahre ist eine Ausweitung des Konzepts geplant, und eines ist sicher: Von winterlicher Kälte lässt sich das Vringsveedel die Lust an vorweihnachtlicher Geselligkeit nicht nehmen!

Heiligabend am Chlodwigplatz in der Vorkriegszeit.

Heiliger Abend in Köln a. Rh.
(Am Clodwigsplatz)

Blick durch das Severinstor auf
die Feuerzangenbowle am Chlodwigplatz.

## »OMA, ICH GLAUB', HIER WOHNT DAS CHRISTKIND« –
## DIE SÜLZER WEIHNACHTSSTRASSE

Ein nachbarschaftlicher Brauch der besonderen Art verwandelt die 125 Meter lange Hummelsbergstraße in Sülz seit über drei Jahrzehnten in die Weihnachtsstraße. 1984 war es, als die drei Nachbarn Herbert Nett, Reinhard Priebs und Peter Rose sechs Tannenbäume in den Vorgärten der Mietshäuser mit 360 Lichtern schmückten. »Damals sind die Nachbarn in der Straße oft grußlos aneinander vorbeigegangen«, erzählt Reinhard Priebs. »Mit dem Licht wollten wir eine vorweihnachtliche Atmosphäre schaffen, in der sich die Nachbarn kennenlernen konnten.« Die Idee kam gut an bei den Anwohnern. Man traf sich an den Adventssonntagen zu Punsch und Glühwein, und das nachbarschaftliche Miteinander wuchs. So sehr, dass die drei Initiatoren die Bäume in der Hummelsbergstraße auch in den Folgejahren in warmes Licht tauchten.

Dabei gingen die »Hüter des Lichts« nach drei bis heute gültigen Grundsätzen vor: Es wird nur weißes Licht verwendet. Es kommt kein blinkendes Licht zum Einsatz. Es wird nur das mit Lichterketten und -netzen behängt, was natürlich gewachsen ist. Büsche und Bäume gab es in der Sackgasse reichlich, denn einige Anwohner hatten ihre Weihnachtsbäume aus dem Wohnzimmer in die Vorgärten gepflanzt. Mit Hilfe einer Haushaltsleiter ließen sie sich bis in die Spitzen schmücken. Als diese mit der Zeit zu klein wurde, half die evangelische Kirchengemeinde mit einer zehn Meter hohen Standleiter aus.

Doch mit den Bäumen wuchs auch der Bedarf an Lichtern – und das nachbarschaft-

liche Miteinander: Immer mehr helfende Hände packten mit an, um die Straße in weihnachtlichen Glanz zu tauchen. Bis 1999, zum 15. Jahrestag der Weihnachtsstraße, die inzwischen rund 16 Meter hoch gewachsenen Tannenbäume das Team vor eine logistische Herausforderung stellten. Ein Hubwagen musste her, finanziert durch Spenden der Anwohner und des seinerzeitigen Wohnungseigentümers Heinrich Wolf, dessen Wohnungsbaugesellschaft die roten Klinkerbauten 1956 bis 1957 hatte bauen lassen und der bis zu seinem Tod im angrenzenden Weißhaus lebte. In jenem Jahr wurden in anderthalb Tagen 16 Bäume mit 2170 Lichtern geschmückt, und ein festes Organisationsteam formierte sich. Ein Vierteljahrhundert lang stand Reinhard Priebs an dessen Spitze, bis er den Stab 2009 an Dirk Sattelmeier abgab, aber bis heute vollsten Einsatz zeigt.

Reinhard Priebs, einer der drei
Initiatoren der Weihnachtsstraße.

Inzwischen ist die dritte Generation nach-gerückt. Viele der jungen Anwohner kennen ihre Straße gar nicht anders als »die Weihnachtsstraße«. Schon die Sechsjährigen helfen beim Tragen der Lichterketten, und auch die Fünftklässler vom nahen Hildegard-von-Bingen-Gymnasium werden gemeinsam mit ihrer Lehrerin vom Lichterschein angezogen. »Es ist nicht spektakulär. Deshalb wundert es mich, dass Licht für die Kinder so aktuell ist«, sagt Reinhard Priebs. Licht spiele ein ganz großes Thema im Leben und in allen Religionen. Es wirke auf die Menschen einladend, erzählt er weiter und greift damit den Gründungsgedanken wieder auf, dem vor über 30 Jahren viele

gefolgt sind und der bis heute Wirkung zeigt. »In Nummer 4 wohnte eine Dame, die inzwischen im Seniorenheim lebt. Und noch in ihren letzten Lebenstagen galt ihre Erinnerung der alten Nachbarschaft: ›Diese Straße war immer so schön geschmückt.‹«

Mit einer Tradition haben die Anwohner allerdings gebrochen: den klassischen Lichterketten mit Kerzen. Lange hielten sie an dem warmweißen Licht der Kerzen fest, aber da zehn Ketten pro Baum benötigt werden, war es auch ein Kostenfaktor. Inzwischen hängen LED-Lichterketten in heimeligen Warmtönen in den Bäumen – und verbrauchen pro Kette gerade einmal so viel Strom, wie zuvor eine Kerze verbraucht hat! Bei zehn Ketten pro Baum mit unzähligen Lichtern ist das ein Stromverbrauch, der sich auch im Geldbeutel der Anwohner bemerkbar macht. Denn an den Stromkosten beteiligen sich alle 88 Mietparteien der zwölf Häuser.

### »Wenn eine Kette schief hängt, finden wir das gut.«

»Wir wollen keine Rekorde brechen. Wir wollen eine Gemeinschaft zumindest initiieren«, stellt Reinhard Priebs fest und fügt hinzu: »Aber es muss auch nicht jeder wollen.« Doch die meisten Anwohner wollen: Alljährlich kommen viele Helfer ab Oktober zusammen, um an zwei Samstagen jedes Birnchen herauszudrehen, mit Kontaktspray zu bearbeiten und anschließend auf seine Funktion zu testen. So werden die Pannen klein gehalten, wenn erst einmal alle Lichter hängen: »Das muss mit 'nem ganz normalen Schraubendreher zu machen sein«, kommentiert Reinhard Priebs ganz pragmatisch, denn die rund

24 Meter hohen Tannen sind ohne Hubwagen nicht mehr zu erreichen. Doch nicht nur die Höhe der Bäume lässt erfinderisch werden, auch ihre Breite: Nachdem Müllautos bereits Ketten kaputtgerissen haben, wurden die unteren Etagen einfach nicht mehr geschmückt. »Es muss nicht exakt sein, es soll urig sein. Und wenn eine Kette schief hängt, finden wir das gut.«

Per Zeitschaltuhr strahlt die Weihnachtsstraße vom 1. Advent bis zum 6. Januar von 6.30 Uhr bis 8 Uhr – »damit die Anwohner im Lichterschein zur Arbeit oder Schule gehen« – und von 16.30 Uhr bis 23 Uhr. An den Adventssonntagen finden Glühweinabende statt, an denen Punsch und Glühwein auf Spendenbasis in die selbst mitzubringenden Becher ausgeschenkt werden. Mit dem Erlös werden die Kosten gedeckt. Hoher Besuch kündigt sich stets für den 4. Advent an: Dann besucht der Nikolaus die Kinder der Hummelsbergstraße. Abgebaut wird nach den Heiligen Drei Königen am 6. Januar, der kleinste Baum vor der Nummer 7 darf aber bis Mariä Lichtmess am 2. Februar strahlen.

Ihren Wunsch, das nachbarschaftliche Miteinander zu stärken, haben die drei Gründungsväter gelebte Wirklichkeit werden lassen. Viele Medien berichteten über die Weihnachtsstraße, und das Organisationsteam erhielt 2003 eine Ehrenurkunde im Rahmen des Wettbewerbs »KölnEngagiert«. »Da staune ich, das ist ein Wunder, dass sich das 30 Jahre gehalten hat«, sagt Reinhard Priebs bescheiden und berichtet von dem vierjährigen Mädchen, das mit seiner Großmutter in die Hummelsbergstraße einbog und beim Anblick der Lichter sagte: »Oma, ich glaub', hier wohnt das Christkind.«

Jeden Adventssonntag wird in der Weihnachtsstraße Glühwein ausgeschenkt.

## DER ERSTE KÖLNER WOHNZIMMER-WEIHNACHTSMARKT IN VOGELSANG

So etwas gibt es nur in Köln: Seit mittlerweile über zehn Jahren öffnen Eva-Maria und Wim Grimbergen im Advent für inzwischen zwei Wochen ihr Privathaus in Köln-Vogelsang. Dann kann jede(-r) hereinspazieren und sich umsehen – und zu sehen gibt es einiges! Besonders wer – wie die Grimbergens selbst – ein Dekorationsfan ist, findet hier Weihnachtliches in Hülle und Fülle. Fein geordnet in Rubriken wie »glamourös« oder »kölsch« stehen jede Menge Dekoartikel, Christbaumschmuck, Gestecke, weihnachtliche Marmeladen und vieles mehr zum Verkauf. Doch das ist nur ein Teil des Charmes, den dieser ungewöhnliche Weihnachtsmarkt ausstrahlt. Im kalten Winter findet man hier vor allem Wärme und familiäre Gemütlichkeit.

Hat man im Vorgarten die selbst gebaute Krippe passiert, tritt man durch einen geheimnisvollen Eingang in eine Art Beduinenzelt. Das ist der Anbau, den die Grimbergens jeden Advent auf ihrer Terrasse aufbauen, wobei sie 500 Meter Stoff verbrauchen. Dass die Besucher eigentlich in einem Garten stehen, merken sie am Bodenbelag – und am Gartenteich, der nun mitten im Verkaufsraum liegt und an dem man sich gemütlich niederlassen kann.

Kölsch-Adventskranz, Marmeladenregal und Punschtheke: willkommen auf dem Kölner Wohnzimmer-Weihnachtsmarkt!

Das Ehepaar Grimbergen begrüßt jeden persönlich, und schon fühlen sich die Gäste willkommen. So mancher bleibt nach dem Einkauf (gezahlt wird in der Küche) noch ein Weilchen, probiert den Punsch oder die Waffeln, die es gegen eine Spende gibt, setzt sich gemütlich ins Wohnzimmer und plaudert ein wenig. »Hier wurde schon viel gelacht und geweint«, sagt Eva-Maria Grimbergen, »es wirkt wie eine Therapie – eine Weihnachtsmarkttherapie!«

Jedes Jahr fängt das Paar schon im August mit der genauen Planung an: Viele Deko-artikel werden selbst gebastelt, viele in der Natur und auf zahlreichen Erkundungs-fahrten entdeckt. Das Ganze ist für die Grimbergens inzwischen viel mehr als nur

ein Hobby: Obwohl beide auch berufstätig sind, schaffen sie es, diese Riesenauswahl an Weihnachtsschmuck zu basteln, zu lagern und aufzubauen, an den Markttagen ein Veranstaltungsprogramm zu organi-sieren und einen Teil der Einnahmen auch noch für einen guten Zweck zu spenden. Heute ist ihr Markt weit über Köln hinaus bekannt und schaffte es bei einer Umfra-ge sogar unter die 100 schönsten Weih-nachtsmärkte Deutschlands. Da ist es kein Wunder, dass manchmal bis zu 300 Leute am Tag vorbeikommen. Doch trotzdem ist es ein bisschen wie ein Adventsbesuch bei Freunden.

## ALTERNATIVE WEIHNACHT

Wer im Advent keine Lust hat auf »gewöhn-liche« Weihnachtsmärkte, aber trotzdem originelle und selbst gemachte Geschenke kaufen will, hat seit einigen Jahren die Qual der Wahl: Im ganzen Stadtgebiet finden jede Menge alternative Weihnachtsmärkte statt, die Designobjekte und Handgemach-tes feilbieten – und das meist drinnen im Warmen und mit loungiger Klubmusik statt mit Weihnachtsliedern unterlegt. Da sind das Holy.Shit.Shopping im Expo XXI, der Designbasar in der Design Post Deutz, der SuperWeihnachtsmarkt im Barthonia Showroom, das Homemade Cologne X-Mas-Special in den Jack-in-the-Box-Hallen, der Kreativmarkt an der Alten Feuer-wache und viele mehr. Studierende, die mit Freunden weihnachtlich essen möchten, aber gutbürgerliche Restaurantatmosphäre nicht mögen, können sich in die UniMensa

begeben: Hier wird in jeder Adventswoche etwas Weihnachtliches kredenzt, vom »Hirschgulasch in Waldpilzrahm« bis zur »Gänsekeule«. Das Studentenwerk bietet sogar einen fertigen Gänsebra-ten zum Abholen an – »Gans to go« für das Weihnachtsessen mit Freun-den. Manch einer hat ganz eigene, lieb gewordene Weihnachtstraditio-nen, die so gar nicht leise und be-sinnlich sind. Freudig erwartet wird zum Beispiel jedes Jahr das traditio-nelle Kölner Weihnachtskonzert der britischen Band New Model Army – schon seit dem Jahr 2000.

# Weihnachten ist da!

Die Traditionen rund um die Weihnachtstage veränderten sich mit der Zeit, wie es hier im Buch schon erwähnt wurde: Brachte zunächst der Nikolaus die Geschenke und später das Christkind, ist inzwischen die Zeit des Weihnachtsmannes gekommen. Adventskranz, Krippe und Baum hielten alle erst im 19. oder gar 20. Jahrhundert Einzug in die Wohnstuben. Auch der Brauch, am Heiligen Abend zu bescheren, ist noch recht neu, denn viele Kölner Quellen berichten noch aus dem 20. Jahrhundert, dass Weihnachten erst mit der Heiligen Nacht vom 24. auf den 25. Dezember begann, in der man oft gleich mehrere Messen besuchte. Geschenke gab es dann am Morgen des ersten Weihnachtstages.

Ernst Weyden berichtet aus der Zeit um 1810:

»Den Schluß der Jahresfeste bildete der ›Chresdâg‹, Weihnachten. Um Weihnachten wurde altherkömmlicher Weise in den Familien ein Schwein geschlachtet. Das Wursten war ein Familienfest, zu dem auch die Frauen der ganzen Freundschaft geladen wurden. Wie splendid war man mit den ›Korwürsten‹, da durfte Niemand vergessen werden, und mochte sich auch bei Manchen das Sprüchwort bewahrheiten: ›Hae wirf met er Wôsch no er Sick Speck.‹

In der heiligen Nacht zieht nach Mitternacht Alt und Jung in die Christmette. War die Andacht vorbei, gings nach Hause, um hier Kaffee zu trinken, und nach diesem, in den echt kölnischen Familien, warmen Wein mit frischen Würsten, worauf man sich wieder aufs Ohr legte.«

Der Bonner Paul Kaufmann erinnert sich an die Weihnachtsfeste seiner Kindheit in den 1860er-Jahren:

»Endlich war der ungeduldig erwartete Vorabend von Weihnachten, ein aus gemütvoller deutscher Christenseele geborenes Wort, gekommen. Wir zogen am Nachmittage zur Tante Gustchen, bei der wir mit Bonner Spekulatius, Kölner Moppen, Aachener Printen und anderen rheinischen Süßigkeiten beschert wurden. Am besten schmeckten uns die von der Tante selbst zubereiteten ›Hobelspäne‹: Es waren längliche, mit einer Masse aus Zucker und Zitronensaft bestrichene Oblaten. Sie hätten einmal unserem Glauben an das Christkind verhängnisvoll werden konnen. Auf dem himmlischen Gebäcke fanden wir nämlich Tabakkörner. Das war verdächtig, weil solche auch die Tante verstohlen in ihre ›kurfürstliche‹ Nase steckte. Sie beruhigte uns damit, dass wohl ein älterer schnupfender Engel das Christkind bei der Weihnachtsarbeit unterstützt hätte. Wir durften es uns dann bequem machen, während die Tante Weihnachtsgeschichten vorlas. Sie wechselte zwischen Ernst Theodor Amadeus Hoffmanns ›Nussknacker und Mausekönig‹ und Charles Dickens' ›Weihnachtsabend‹. Ganz Auge und Ohr waren wir für die Wunderdinge, welche der alte Geizhals Scrooge in der Weihnachtsnacht erlebte, und für die Schicksale Nussknackerleins, das nach blutiger Schlacht mit dem Mausekönig in sein Reich heimkehrt. Funkelnde Weihnachtswälder, durchsichtige Marzipanschlösser und andere Herrlichkeiten sind dort zu sehen, wenn man dafür nur Augen hat.

Weihnachten 1934
in Köln-Lindenthal:
Erst gibt es Haus-
musik ...

... dann freut sich Hanno
über die Geschenke.

1938 liegen Hemd, Krawatte,
Taschentücher und feine
Slipper unterm Baum.

Der kleine Rudolf
freut sich 1941 über
ein Schaukelpferd …

… die beiden klei-
nen Ehrenfelderinnen
freuen sich in den
1940er-Jahren über
ihre neuen Puppen …

… wie auch 1978
die kleine Tina.

War es dunkel geworden, so holte uns Vater mit einem Wagen zur Fahrt nach dem städtischen Irrenhaus ab. Es lag ›Auf der Höhe‹, an der großen Landstraße von Bonn nach Köln, in der Nähe des alten Hochgerichts und des Leprosenhauses, in dem einst die an der Mistelsucht, dem Aussatz, Leidenden untergebracht wurden. In der Anstalt empfing uns der städtische Beigeordnete Eller. Mit dem Vater verteilte er bei der Weihnachtsbescherung Geschenke an die armen Kranken. Wenn wir von der Höhe stillvergnügt heimfuhren, brannten in der Stadt schon viele Weihnachtsbäume, die wir gewissenhaft zählten. Jetzt waren wir sicher, dass der Heilige Christ die Bonner Kinder nicht vergessen hatte.

(...)

Als ich vier Jahre alt war, beschenkte mich das Christkind mit Schaukelpferd, Husarenmütze und Säbel. Das ist meine früheste Erinnerung an den Zauber der ›fröhlichen, seligen, gnadenbringenden Weihnachtszeit‹. Einige Jahre später wurde ich durch ein Kölner Puppentheater überrascht. Es war ein hoher, nach rückwärts offener, hübsch umkleideter Kasten. An der vorderen Seite befand sich ein durch den Vorhang verdeckter Ausschnitt. Der Spielleiter nahm im Inneren Platz und ließ die wohl ausstaffierten Figuren des Kölner Puppenspiels, das Hännes'chen und seine ewige Braut Bärbele, den Bestevaa und seine keifende Ehehälfte Marizebell, die Nachbarn Tünnes und Speimanes, sowie den Polizeidiener Schnauzekowsky sich geschickt bewegen. Mit einer herzhaften Prügelei der Puppen pflegten die Aufführungen erbaulich zu schließen.«

## Kölsche Weihnacht

Wat wor em Kinderlevve
für uns dä schönste Daach
Erinnerung es jeblevve,
Chreßkind, Hillije Naach
Chreßnaach he en Kölle
feierlich un schön
Üvver'm Rhing sing Welle
klungen Jlocketön
Weihnachtliche Fredde,
dä looch op d'r Stadt
Am Käzesching vum Chreßbaum
et Aug sich looten satt

En de Hüsjer un de Stroße
rund öm dä Dom eröm
Kei Minsch wor do verlooße,
mer kömmerten sich dröm
Denn Chreßnaach he en Kölle,
die wor für jeden do
Un och die ärm un einsam,
die streffe Engelshoor
Dafür dät dann schon sorje
echt kölsche Nohberschaff
So fungk am Weihnachtsmorje
d'r Schwächste widder Kraff

Un wenn dann wärm em Ovve
bullerten die Jlot
Un drusse feel vum Himmel
d'r Schnei, sanft op d'r Hoot
Vum Dom dä decke Pitter,
sich Kinderlaache misch
Dat wor dann Kölsche Weihnacht,
wovun mer hück noch sprich
Chreßnaach he en Kölle,
noh'm Dom möt Naaks ihr jonn
Dann künnt och ihr verzälle,
dann künnt ihr och verstonn

*Gesang: King Size Dick*
*Text: Wilhelm Hammerschlag alias Ohm Wellem*
*Melodie: Heinz Gauss, Fred Zingsheim*

# KÖLNER MOPPEN

Moppen gehörten schon im 19. Jahrhundert zum bevorzugten Weihnachtsgebäck in Köln. Man konnte sie auf den Weihnachtsmärkten kaufen und aß sie zum traditionellen Kaffee nach der Christmette in der Heiligen Nacht. Es heißt, sie sollten an die Hinterlassenschaften des Pferdes oder Esels erinnern, mit dem der Nikolaus in den Straßen unterwegs war. Vielleicht lag das daran, dass sie ziemlich hart werden, wenn man sie eine Weile liegen lässt ...

Zutaten:

250 g Honig
75 g brauner Rohrzucker
50 g Butter
375 g Mehl
2 EL gehackte Mandeln
½ TL Kardamom
1 TL Zimt
1 TL Nelkenpulver
2 EL Rum
1 Päckchen Backpulver

**Zubereitung:**

**1** Honig, Rohrzucker und Butter zusammen erhitzen und durchrühren.

**2** Die restlichen Zutaten hinzufügen und alles zu einem Teig kneten. Diesen zu kleinen Kugeln formen, kreuzweise einritzen und auf einem mit Backpapier ausgelegten Backblech im vorgeheizten Backofen bei 175 °C 10 Minuten backen.

**3** Die Moppen herausnehmen und auf einem Kuchengitter erkalten lassen.

## »JLÖKSILLICH KRESSKIND!«

Adam Wrede schließlich beschwert sich 1922 darüber, dass man sich nun »Vergnügte Feiertage« wünscht und nicht mehr »Jlöksillich Kreßkind!«.

»Am Weihnachtsmorgen nach der Christmette oder schon am Vorabend, dem Heiligen Abend, wird beschert. Jung und alt, nicht zuletzt das Gesinde, ist gespannt auf das ›Kreßkingche‹, das Weihnachtsgeschenk, bei dem bestimmtes Gebäck nicht fehlen darf, vor allem nicht Printen und Spekulatius. Vielfach besuchen sich im Laufe des Morgens Verwandte und Bekannte gegenseitig in ihren Häusern und begrüßen sich dort oder auf der Straße bei der zufälligen Begegnung mit dem Wunsche: ›Jlöksillich Kreßkind!‹ Freilich das abgeschmackte ›Vergnügte Feiertage‹ hat sich an diesem wie an den anderen Hochfesten immer mehr durchgesetzt.

Am Abend des Weihnachtsfestes versammelt sich die Familie um den Christbaum, der im Glanze der Kerzen strahlt, und singt ›Stille Nacht, heilige Nacht‹, ›Ihr Hirten erwacht‹, ›Ihr Kinderlein kommet‹, ›Es ist ein Ros' entsprungen‹ und andere Herz und Gemüt erhebende Weihnachtslieder. Bei den Feiern evangelischer Christen erklingt auch der schöne Luthersche Choral ›Vom Himmel hoch, da komm ich her, ich bring euch gute, neue Mär‹.«

Das Christkind auf dem Weg nach Köln.

# EIN WEIHNACHTSABEND IN LINDENTHAL, 1946

Im kalten Winter des Jahres 1946 versuchen die Menschen, es sich im völlig zerstörten Köln zu Weihnachten so behaglich wie möglich zu machen. So auch Familie Haentjes, die in der Uhlandstraße in Köln-Lindenthal wohnt: Mutter Elisabeth und die beiden Söhne Walter und Paul. Paul Haentjes ist 1946 19 Jahre alt und seit 1945 aus der Kriegsgefangenschaft zurück. Seinem Freund Engelbert, der noch in französischer Gefangenschaft ist, berichtet Paul regelmäßig aus der Heimat:

»Köln, den 26. Dezember 1946
Lieber Engelbert!

Zu Beginn meines Briefes möchte ich Dir für Deinen Brief vom 5.11. danken, der mir als eine große Weihnachtsfreude zum Heiligen Abend in den Briefkasten flatterte. Es freut mich, daß die Verbindung zwischen uns trotz der Schwierigkeiten mit der Post nicht abgerissen ist. Auch daß es dir den Verhältnissen entsprechend gut geht, beruhigt mich, wenn ich auch weiß, daß für Euch alle das Leben erst dann wieder seinen Sinn hat, wenn Ihr den Entlassungsschein in Händen habt. Nach den Forderungen Amerikas, bis zum 1.10. 1947 alle von den USA-Streitkräften den Franzosen übergebenen Gefangenen zu entlassen, scheint sich ja auch für Dich ein - wenn auch nicht absolut zuverlässiger - Anhaltspunkt zu ergeben. Aber hoffen wir zumindest auf diesen Termin, wenn Du einer früheren Entlassung wohl auch nicht abgeneigt sein magst.

Nach meinem letzten Brief vom 15.12. haben wir eine abwechslungsreiche Zeit hinter uns. Die in dieser Nacht hereingebrochene Kälte steigerte sich in den nächsten Tagen bis zu -15 Grad, eine wirkliche Schweinekälte.

Der Mangel an Kohle und Körperwärme tat ein Übriges, so daß wir in den Tagen ein erbärmliches Frierleben führten, halb angekleidet im Bett schliefen (Innentemperatur -5 Grad) und im Übrigen den Feiertagen mit sehr gemischten Gefühlen entgegen sahen. Vom Amt bekam ich ab Montag, dem 23.12., Urlaub bis kommenden Montag; so konnte ich nach alter Tradition bei den Vorbereitungen mit Hand anlegen, was mir insbesondere beim Backen Freude bereitete. Aber auch beim Putzen der Zimmer wurde fleißig mitgeholfen. So hatten wir dann die Wohnung auf Hochglanz, sogar Glas war noch in alle Fenster gekommen, als Dienstag (24.12.) morgens um 5 Uhr mein Bruder Werner aus Bielefeld erschien, um bis heute Abend hier zu bleiben. Die letzten Vorbereitungen wurden noch getroffen. In der Wohnung roch es schon lecker nach dem Kaninchen, das wir von Bekannten geschenkt bekommen hatten und das im Ofen brutzelte. Auch von kulinarischer Seite war also mit einigen angenehmen Dingen zu rechnen. Schade war nur, dass unser Vater in unserem Kreise fehlte.

Paul Haentjes im zerstörten Köln, 1948.

So begann denn der Heilige Abend mit einer kleinen Mahlzeit, die bereits durch herrliche Musik im Radio untermalt wurde. Das Zimmer war von Kerzen erleuchtet, nur ein großes Transparent, ein Triptychon, welches Walter und ich vor sechs Jahren in Laubsägearbeit gefertigt hatten und das wir aus unseren Trümmern noch hatten retten können, wurde durch eine elektrische Lampe beleuchtet. Aber die war ja nur indirekt zu sehen. Bei uns ist es nämlich Brauch, Weihnachten nur im Kerzenschein zu verbringen und das kalte elektrische Licht für diese Zeit aus unseren Räumen zu verbannen. So war es denn auch wirklich heimelig, Musik von Bach, Händel, Corelli und anderen umrahmte die schönen Stunden. Eine großartige Bescherung, die für viele die Hauptsache dieses Festes ist, hätte dazu wenig gepasst - zudem ergab es auch nichts -, durch kleine Geschenke aber zeigte jeder dem anderen seine Liebe. Zur allgemeinen Freude hatte die Kälte erheblich nachgelassen, nur ein wenig Schnee lag noch. So zogen wir denn gegen 23:00 Uhr nach Hohenlind, wo um 23:30 Uhr die Weihnachtsliturgie mit den Metten begann. Die Kirche war, wie auch früher immer, im Chor mit großen Tannenbäumen geschmückt. Rote und weiße Blumen taten das ihre, um dem Raum eine herrliche Festpracht zu verleihen. Nach den Metten fand ein feierliches Hochamt statt, in dem die Weihnachtsbotschaft des Kardinals verlesen wurde. An diese erste Messe schloß sich als stille Messe die zweite Messe der Heiligen Nacht an, in der das Volk die schönen alten Christfestlieder sang. Um 2:30 Uhr waren wir wieder zu Hause. Aber lange ausgeschlafen werden durfte nicht. Denn nach altem Familienbrauch, aus der Heimat meines Vaters am Niederrhein eingeführt, gibt es am Morgen des ersten Feiertages von 7:00-9:00 oder 10:00 Uhr das gemütliche Kaffeetrinken. Auch hier wieder nur Beleuchtung durch Kerzenschein und Transparent, dazu die Musik im Radio. Und wenigstens war auch etwas da, um ausgiebig frühstücken zu können: Kuchen, Platz und Wurst! Am Niederrhein kam in normalen Zeiten natürlich noch etliches hinzu: Holländer Käse, Platz mit Korinthen - na, ich glaube, das alles aufzuführen ist zwecklos, denn wir haben es ja doch nicht!

Damit über allem das Fest der Erlösung der Menschen nicht in den Hintergrund trat, besuchten wir um 11 Uhr in der Pfarrkirche die 3. Messe der Weihnacht. Zum Mittag schmeckte uns dann das ›Kning‹ so gut, als wäre es ein Huhn. Leider fehlte uns, wie wohl den meisten Leuten, ein Gläschen Wein. Aber trotzdem wurden wir reichlich satt - ein seltenes Ereignis in dieser Zeit!«

Engelbert wurde schließlich 1948 aus der Gefangenschaft entlassen. Er starb 1960. Paul heiratete, bekam vier Kinder und lebte bis zu seinem Tod im Jahr 2012 in Lindenthal.

# WÄRMER ÄÄDÄPPELSCHLOT MET SPECK

In vielen Familien wird an Heiligabend traditionell Kartoffelsalat mit Würstchen serviert – oft nach altem Familienrezept. Da das eigentliche Weihnachtsfest inklusive Bescherung früher auf den 25. Dezember fiel, es am 24. also noch viel vorzubereiten gab und in reicheren Häusern die Dienstmädchen oft schon freihatten, war der Kartoffelsalat ein einfaches Mahl, das sich schnell und vor allem im Voraus zubereiten ließ. Über die Zutaten scheiden sich die Geschmäcker: Mayonnaise oder Brühe, Gürkchen oder Fleischwurst, Apfelstückchen oder Speck – die Rezepte sind unzählig. Das Folgende ist ein Rezept nach Klaus Höhn aus Höhn's Restaurant.

## Zutaten:

1 kg festkochende Kartoffeln
(Sorte Cilena)
125 g durchwachsener Speck
1 Bund Frühlingszwiebeln
2 Tomaten
125 ml Fleischbrühe
3-4 EL Weißweinessig
2 EL Öl
Salz
frisch gemahlener Pfeffer
Senf
Schnittlauch oder Petersilie
Bockwürste nach Belieben

## Zubereitung:

**1** Kartoffeln in circa 20 Minuten gar kochen und mit kaltem Wasser abschrecken. Noch heiß pellen und in dünne Scheiben schneiden.

**2** Den Speck in feine Würfel schneiden und scharf anbraten. Die Frühlingszwiebeln in feine Ringe schneiden.

**3** Tomatenhaut einritzen, die Tomaten kurz in kochendes Wasser tauchen (blanchieren) und kalt abschrecken. Dann die Tomatenhaut abziehen und die Tomaten aufschneiden. Die Kerne entfernen und das Tomatenfleisch in feine Würfel schneiden (concasser).

**4** Alles in eine Schüssel geben, mit heißer Brühe übergießen und ziehen lassen, bis die Kartoffeln den Großteil der Brühe eingesogen haben.

**5** In der Zwischenzeit aus Essig, Öl, Salz, Pfeffer und Senf eine Vinaigrette anrühren, über den Salat geben und umrühren. Schnittlauchröllchen oder gehackte Petersilie darüberstreuen. Nach Belieben mit Bockwürsten servieren.

# DAS KINDLEINWIEGEN

Viele christliche Rituale, die im Mittelalter aufkamen, sprachen ohne Umwege die Gefühle an. So auch das Kindleinwiegen, das seit dem 11. Jahrhundert in ganz Deutschland verbreitet war: In den Frauenklöstern schaukelten die Stiftsdamen zu Weihnachten behutsam eine kleine hölzerne Wiege mit einem Jesuskind aus Wachs und sangen dazu Wiegenlieder. In Köln – hier gab es damals sehr viele Frauenklöster – hat sich im Schnütgen-Museum eine solche Christkindwiege erhalten, die auf 1350 datiert wird. Das etwa 30 Zentimeter hohe Gestell und der Wiegenkasten sind aus Eichenholz, die vergoldeten Schmalseiten zeigen die Anbetung der Heiligen Drei Könige und Jesus am Kreuz. Nur das Kindlein selbst ist nicht erhalten.

Das Kindleinwiegen, ein Vorläufer der Kirchenkrippen, wurde später auch in Pfarrkirchen, Schulen und im Familienkreis zelebriert. Hermann Weinsberg, der Kölner Chronist des 16. Jahrhunderts, berichtet:

»Anno 1581, den 25. Decembris uff den hilligen Christach … hab ich Herman, min broder und sin hausfraw und min suster Sibilla, und ander gesinde … den abend im Haus Weinsbergh under uns das kindgin gewieget, gesongen und mit Jesulein frolich gewest.« Man sang »Lasst uns das Kindlein wiegen« oder »Kommt all herzu, ihr Engelein, kommt all herein/und helft uns wiegen das Kindelein im Krippelein«.

Ein bisschen Aberglaube war wohl auch dabei, denn man glaubte, das Wiegen verscheuche Krankheiten.

Joseph Klersch schrieb 1960 dazu: »Im Familienkreise saß man zusammen und wiegte in einer Krippenwiege eine Jesukindpuppe, wozu gemeinsame Lieder gesungen wurden, vielfach mit lateinischem Text, wie z. B. Puer nobis natus est (Ein Kind ist uns geboren), Dies est laetitiae (Der Tag der ist so freudenreich) und andere. Am längsten erhielt sich das Kindleinwiegen in der Christmette, in der die Orgel in der zweiten und dritten Messe zwischen dem Volksgesang Wiegenlieder und Hirtenmelodien spielte. Je nach dem Können des Organisten steigerte sich dieses Kindleinwiegen zu kunstvollen Fantasien, in denen noch in unserem Jahrhundert der blinde Organist Strung von St. Aposteln ein unübertrefflicher Meister war.«

Seit Beginn des 20. Jahrhunderts gibt es den Brauch nicht mehr – nur einige weihnachtliche Wiegenlieder haben überdauert, zum Beispiel »Joseph, lieber Joseph mein«.

Lasst uns das Kind- lein wie- gen, das

Herz zum Kripp- lein bie- gen. Lasst

uns im Geist er- freu- en, das

Kind- lein be- ne- dei- en. O

Je- su- lein süß, o Je- su- lein süß.

Lasst uns dem Kindlein neigen,
ihm Lieb und Dienst erzeigen.
Lasst uns doch jubilieren
und geistlich triumphieren:
o Jesulein süß, o Jesulein süß.
Lasst uns dem Kindlein singen,
ihm unser Opfer bringen,
ihm alle Ehr beweisen
mit Loben und mit Preisen:
o Jesulein süß, o Jesulein süß.

# DIE SCHÖNSTE WEIHNACHTSKIRCHE STEHT IN KÖLN: ST. MARIA IM KAPITOL

St. Maria im Kapitol, 1040 bis 1065 erbaut und damit eine der älteren romanischen Kirchen Kölns, ist auch die weihnachtlichste – und das schon seit ihrer Erbauung! Bereits die Vorgängerkirche hatte an Weihnachten eine große Rolle gespielt: Seit Ende des 10. Jahrhunderts pflegte der Kölner Erzbischof die erste Weihnachtsmesse in St. Maria im Kapitol zu feiern, die zweite in

St. Cäcilien und die dritte im Dom. Damit machte man es den Vorbildern in Jerusalem und Rom nach, wo die Geburtskirche in Bethlehem beziehungsweise Santa Maria Maggiore für die Feiern der ersten Weihnachtsmessen auserkoren waren. Bei den Kölner Weihnachtsmessen gab es zwar weder Weihnachtsbäume noch Krippen, aber es muss schon sehr festlich zugegangen sein: Der Erzbischof zog in vollem Ornat und mit viel Gefolge in die Kirche ein, die Kerzen brannten, es wurden Choräle gesungen, und die Kölner Bürger, die die Messe besuchten, trugen ihre Festtagsgewänder.

Das Weihnachtsgefühl, das man beim Betreten von St. Maria im Kapitol bekommen sollte, war beim Neubau quasi gleich mit eingeplant: Die Kirche war im Ostteil mit einem großen, eindrucksvollen Kleeblattchor versehen, der der 529 erbauten

Geburtskirche in Bethlehem genau nachempfunden war.

Als weitere Einstimmung auf Weihnachten diente die Tür, durch die man in die geistliche Welt der Kirche eintrat. Alle Auswärtigen (also alle, die nicht dem Stift der Kirche angehörten) betraten das Bauwerk durch ein Portal im nördlichen Kleeblatt. Das waren zum einen hochrangige Persönlichkeiten – der Erzbischof, zukünftige Könige auf dem Weg zur Krönung in Aachen, der Kölner Stadtrat –, zum anderen aber wohl auch das Volk, denn der Eingang lag zur Stadtseite hin.

Die gewaltige, 4,85 Meter hohe Holztür sprach beide Personengruppen an: Die am äußeren Rahmen der Darstellungen entlanglaufenden Inschriften konnten nur die gebildeten Menschen lesen, aber die Bildergeschichten aus dem Leben Jesu, dargestellt durch die plastisch geschnitzten Figuren, verstand auch das einfache Volk. Noch heute geht eine beeindruckende und bewegende Wirkung von der Tür aus, die seit den 1930er-Jahren (mit einer Unterbrechung im Zweiten Weltkrieg) im Innenraum der Kirche steht. Ganz davon abgesehen, dass die Tür eine der bedeutendsten und besterhaltenen mittelalterlichen Holztüren überhaupt ist, wirken die Bilder ganz direkt auf den Betrachter. Die linke Seite erzählt von Geburt und Kindheit Christi, die rechte von Passion und Auferstehung.

Mit der Weihnachtsgeschichte beschäftigen sich die obersten sechs Bilder der linken Seite: Ganz oben sieht man die Verkündigung an Maria und die Heimsuchung, links darunter die Verkündigung an die Hirten, rechts daneben die Geburt Christi.

Die beiden Bilder darunter zeigen die drei Magier, die Heiligen Drei Könige, vor Herodes und ihre Anbetung des Jesuskindes; auf dem folgenden großen Bild sind Josefs Traum und die Flucht nach Ägypten zu sehen. Man spürt förmlich den Schreck der Hirten; man schmunzelt über die »niedlichen« Köpfe von Ochs und Esel, die sich zwischen Maria und Josef vorwitzig ins Bild schieben. Und man kann kaum glauben, dass diese lebendigen Schnitzereien wirklich aus dem 11. Jahrhundert stammen, was aber durch Untersuchungen des Holzes belegt ist. Bestimmt haben sich an Weihnachten die vor der Tür Wartenden in diese Bilder vertieft. Wie schön, dass wir uns diese über 900 Jahre alte Bildergeschichte immer wieder anschauen können – nicht nur zu Weihnachten.

# WIE DIE KÖLNER AN WEIHNACHTEN DEN AUFSTAND PROBTEN

1133 war an Weihnachten zunächst alles wie immer: Die erste Messe wurde in der Kirche St. Maria im Kapitol gefeiert (zu der seit einiger Zeit ein vornehmes Damenstift gehörte); danach ritt der Erzbischof auf einem weißen Maultier weiter in die nahe Kirche St. Cäcilien und dann zum Dom. Das Amt des Erzbischofs bekleidete seit zwei Jahren Bruno II. von Berg. An diesem Weihnachtstag gab es, wie es in dieser Kirche manchmal vorkam, hohen Besuch: Lothar III., seit einem halben Jahr Kaiser des Heiligen Römischen Reiches, wollte mit seinem Gefolge in Köln Weihnachten feiern. Doch nach den Weihnachtsmessen wurde es ungemütlich für ihn: Das Volk, besonders die Kaufleute, war auf den Kaiser schlecht zu sprechen, unter anderem, weil er ihre Rechte als Bürger der Freien Reichsstadt Köln beschneiden wollte. Und da er nun schon einmal in Köln war, versammelten sich die Bürger am Dom, wo sich Lothar im Palast des Erzbischofs verschanzt hatte, und wollten den Kaiser aus der Stadt jagen. Man weiß nicht genau, auf wessen Seite Bruno war, aber es gilt als gesichert, dass der Kaiser eilig die Flucht ergriff. Die Kölner freuten sich, es ihm gezeigt zu haben, und feierten ein vergnügliches Weihnachtsfest.

Kaiser Lothar III., Detail der Ausmalung aus dem Kaiserdom Königslutter, um 1890.

Erzbischof Bruno II.

## DIE GEISTERMESSE

St. Maria Lyskirchen gilt wegen ihrer exponierten Lage in Rheinnähe und der vielen Fischer und Rheinschiffer in der mittelalterlichen Nachbarschaft als »Schifferkirche«. Etwas ganz Besonderes ereignet sich hier gegen Ende des Jahres: Alljährlich an Heiligabend kommen der Legende nach die Seelen der im vergangenen Jahr ertrunkenen Rheinschiffer in der kleinsten der zwölf großen romanischen Kirchen Kölns zusammen. Von den Lebenden unbeobachtet, feiern sie eine letzte Christmette, während der sie Gottes Segen für Schiffer und Anwohner der Meere und Flüsse erflehen. Erst nach dieser Geistermesse besteigen sie das Schleppschiff des Todes, das sie ins Jenseits bringt.

# CHRISTMETTE
## IM KÖLNER DOM

Durch die regenfeuchten Straßen schleichen kühle Frühwinde. Trübe Laternenaugen blinzeln in eine schwarze Dezembernacht, und ihr Widerschein spiegelt sich in den zahllosen Wasserlachen in blassen Lichtern. Wer um diese Zeit aus den schlafenden Häusern tritt, zieht fröstelnd den Mantel um die Schultern und strebt in die erleuchteten Kirchen, wo nach uraltem und überliefertem Brauch die Erinnerung an das Wunder der Menschwerdung des Gottessohnes, unberührt vom hellen Auge einer ewig neuschaffenden und neuwandelnden Zeit, in feierlichen Handlungen wachgerufen wird. Während in den kleineren Kirchen die bunten Fenster in brennenden Farben erglühen und leise Orgelklänge mein Ohr treffen, liegt der Dom wie stumm und verschlossen in seiner erhabenen Ruhe da, steigt in seiner breiten Wucht vom Domplatz auf und verfließt in steinerner Regungslosigkeit in die regungslose schwarze Nacht. Und doch ist drinnen weihevolles Leben. Die Tore öffnen sich – und vor mir füllen Tausende Menschen die Bänke im gewaltigen Schiff dieser Kirche und die breiten Bahnen der Seitenschiffe – und mit einem Male ist das Auge geblendet von einem wunderbaren Lichterglanze in der Tiefe des Chors, wo ein Bischof unter der Assistenz von Priestern und Priesterzöglingen das Pontifikalamt zelebriert. Kyrie eleison singt der Domchor – Wechselgesang und Gebete folgen – kleine

Glöckchen rufen mit heller Stimme. Wer achtet wohl im ersten Augenblick auf die feierlichen Zeremonien, wo er, weltlicher Gefühle voll, hinüberstarrt auf die weißen und wie erstarrten Flammenreihen, wie die gotischen Formen in geraden und gebogenen Linien aufwärts nachziehen bis zur halben Höhe des Chors, und weltlich sind auch die ersten Vergleiche, die sich ihm aufdrängen: eine Erscheinung aus Tausendundeiner Nacht, ein Scheherazadentraum.

Ein mattes, rötliches Feuer liegt auf dem grauen Sandstein; dunkel ragen die Steinfiguren der Heiligen aus den Schatten hervor, die die Lichter werfen. Und mitten drinnen ein großer Strahlenkranz wie eine Sonne, unzählige kleine ruhige Sterne nebeneinander, in einem eigenen feinen Rot, daß es aussieht wie ein riesiges Filigranwerk der Goldschmiedekunst. Helltönend kündet eine Uhrglocke im Dom die fünfte Stunde. Oben die Wölbungen umschleiert ein rätselhaftes Dunkel, so daß es scheint, als erweitere sich der Raum ins Unendliche, getragen von den schweren, in dieses Rätsel emporsteigenden Säulen. Gloria in excelsis Deo et in terra pax hominibus, jubelt der Domchor. Machtvolle Klänge, denen alles lauscht, alles, was sich hier in der nächtigen Frühe zusammengefunden hat: Gläubige und Neugierige, vornehme Welt und Bettler, Frauen und Kinder, weißhaarige Greise, Bäuerinnen tief aus der Eifel, Nachtschwärmer, Fremde – eine internationale und gewiß auch interkonfessionelle Schar, die mit einmütig-stiller, natürlicher Andacht in diese Wunder des Lichtes sieht. Et incarnatus est, verkündigt der Domchor. Was ist des Menschen Stimme in diesem Tempel, den Jahrhunderte gebaut! Ein flüchtiger Schall, ein Geringes, wie die Spur der Tausende und Millionen, die auf den kalten Fliesen unter dem hohen Rund der Gewölbe gekniet haben. Und nach hundert Jahren wird keiner von allen mehr knien und beten, andere breitschultriger Schweizer in roten Gewändern mit den hohen Stäben ihres Amtes werden würdevoll unhörbar auf und ab schreiten, andere Priester die Messe lesen; aber die Säulen werden stehen, und die riesigen Bogen auch, und die Lichter werden glühen. Sanctus sanctus, jauchzt der Domchor. Plötzlich schweigen Chor und Orgel, Wechselgesang und Gebete, eine körperlich fühlbare Stille tritt ein, nicht einmal mehr das Verfliegen eines Klanges ist hörbar, tief neigen sich die Köpfe kniender Menschen, der Atem schweigt – nur Raum und Licht unter dem Dunkel der Höhe: die Wandlung ... Glaube oder Unglaube – es gibt eine Heiligkeit des Augenblicks, Ehrfurchtgebietendes in dem Gedanken, daß dieser Augenblick Millionen Menschen das Heiligste ist, wo sich Dinge vollziehen sollen, die jenseits liegen von Vernunft, irdischen Gefühlen und Menschenwille und -kraft, wo eine verklärende Weihe alles über sich selbst erhebt in das Unfassbare, das nicht von dieser Erde ist. Nur ein Augenblick, und alles ist wieder irdisch und menschlich. Agnus Dei betet der Domchor. Und die Orgel singt, Menschen kommen und gehen, neue Gebete, hell klingt die Glocke, dass die Stunden schreiten, und in den Gewölben wird es heller. Ite, missa est, singt der Bischof. Bis mit einem Schlage der Lichterglanz erloschen ist und nur zwei Kerzen noch im Chore brennen, wie zwei arme Sterne, die auf einem weiten Grunde geblieben sind, nachdem das alle Himmel füllende Licht von Bethlehem versunken ist ... Ich gehe langsam durch die abflutende Menge dem Chor zu, an dem ungeschlachten Riesen Christophorus mit dem Jesuskinde vorbei, an den kalten Steindenkmalen der Erzbischöfe und Kurfürsten, uralten Skulpturen und Altären, goldblinkenden Leuchtern und Geräten in kleinen Seitenkapellen, wo überall Priester die erste Messe lesen. Es ist ein Bild von fast italienischen Farben. Dann trete ich heraus aus dem Dom von Menschenhand unter den urewigen Dom der Welt, über den die ersten schwachen Lichter des Tages ziehen. Weihnachtsmorgen! Die Stadt ist im Erwachen.

*Detmar Heinrich Sarnetzki*

Seit 2005 wird im Hauptbahnhof die Friedenskrippe aufgebaut. Der Kölner Krippenkünstler Hermann Nick und weitere Mitwirkende schufen eine Kölner Trümmerlandschaft nach dem Krieg: In den Ruinen von Groß St. Martin hat die Heilige Familie Schutz gesucht. Aus dem Dom ziehen Messdiener zur Krippe, Kommunionkinder treten als kölsche Engelchen auf, und natürlich ist auch Kardinal Frings zu sehen.

# KREPPCHENSJANG
## – Die Kölner und ihre Krippen

Kirchenkrippen entstanden aus mittelalterlichen Krippenspielen. Zunächst von lebendigen Personen, später von Marionetten
und mechanischen Krippen wurde die Geburtsgeschichte Jesu dargestellt. Laut Ernst
Weyden ist »Marionette« sogar ein Verklei-
nerungswort von »Maria«. Er notiert auch,
dass man in Köln das Marionettenspiel
»Krippchen« nannte. Tatsächlich wurde das
Hänneschen-Theater 1803 als »Krippenspiel« eingeführt. Die erste Kirchenkrippe
gab es in Köln im Jahr 1569. Während der
Zeit der Aufklärung gerieten Krippen etwas
in den Hintergrund; erst im 19. Jahrhundert
lebten sie wieder auf – diesmal auch in den
reicheren Privathaushalten.

Im 20. Jahrhundert erlebten die Kirchenkrippen einen regelrechten Boom. In
Köln entstanden und entstehen bis heute
viele schöne Kirchenkrippen – besinn-
liche, künstlerische oder volkstümliche.

1925 gründete sich der hiesige Verein der
Krippenfreunde. In späteren Jahrzehnten
wurde es in Kölner Familien Brauch, in
der Weihnachtszeit »Kreppche zo luure«,
sich die Krippen anzusehen. Viele Krippen
zeigen zwischen dem 1. Advent und Mariä
Lichtmess verschiedene Bilder, sodass es
sich lohnt, mehrmals hinzugehen. Aus
diesem Grund machen viele ihren »Kreppchensjang« auch erst nach Weihnachten –
denn erst dann liegt das Christuskind in
seiner Krippe.

Seit den 1990er-Jahren werden Krippen-
fahrten und Krippengänge von mehreren
Institutionen veranstaltet; die bekannteste
ist der »Kölner Krippenweg«, auf dem jedes
Jahr auch Krippen auf öffentlichen Plätzen
und in Schaufenstern ausgestellt werden.
Die Nachfrage ist enorm. Da ist die leben-
de Krippe im Lindenthaler Tierpark; die
Waldkrippe in St. Kunibert; die Krippe der
Künstlerin Lita Mertens in St. Heribert in
Deutz; die große orientalische Krippe in
St. Michael in Porz; die Heimatkrippe in
St. Vitalis in Müngersdorf; die Kölner Stadt-
krippe auf der Domplatte und, und, und.

Einige der beliebtesten Krippen in Kölner
Kirchen zeigen die ganze Vielfalt der Darstellung:

## DIE KRIPPE IM DOM

Gleich vorn links im Dom steht die neuere der beiden Domkrippen, geschaffen vom Bildhauer Theo Heiermann und seiner Frau. 1992 wurde sie erstmals aufgebaut. Auf mehreren Ebenen bevölkern zahlreiche Figuren die Szene, viele davon mit einem kölschen Hintergrund, vom türkischen Straßenkehrer über den Domschweizer bis zum FC-Fan mit dem gestreiften Schal. Auf die römische Geschichte und den niemals fertigen Dom wird Bezug genommen. Während der Weihnachtszeit verändert sich das Bild fünf Mal. Beim letzten Aufbau sieht man die Flucht der Heiligen Familie nach Ägypten – dann darf ein Obdachloser in den frei gewordenen Stall einziehen. Eine Krippe, die die Verbindung der Geburtsgeschichte mit der heutigen Zeit deutlich machen will.

## DIE KRIPPE IN ST. MARIA
IM KAPITOL

In einer stillen Ecke der Kirche St. Maria im
Kapitol steht eine ebenso »stille« Krippe –
schlichte Figuren aus Holz in wollenen
Kleidern, die ganz in sich gekehrt wirken.
Die 1960 von Milli Schmitz-Steinkrüger
geschaffenen Figuren scheinen die Augen
geschlossen zu haben. Über ihnen schwebt
der Stern – und Jesus am Kreuz. Die Heiligen Drei Könige (nicht auf diesem Bild)
haben ungewöhnliche, indianische Züge.

## DIE KRIPPE IN ST. MARIÄ HIMMELFAHRT

Besonders den Kindern gefällt die mechanische Krippe in St. Mariä Himmelfahrt. Die »Guckkästen« mit den einzelnen Szenen werden von der hier beheimateten italienischen Gemeinde aufgebaut. Es gibt viel zu schauen: Türen und Fenster öffnen und schließen sich; der Verkündigungsengel erscheint als Hologramm; es wird dunkel und hell, und am Kölner Dom schneit es. Da ist es unwichtig, ob die Figuren alle zusammenpassen oder nicht – sogar eine Barbiepuppe kommt vor!

## DIE KRIPPE IN GROSS ST. MARTIN

Die Krippe in Groß St. Martin passt gut zu dieser großen leeren Kirche, die nach den Kriegszerstörungen bewusst karg gelassen wurde. Die Gemeinde kaufte das Kunstwerk 1987 von der Kölner Künstlerin Rosemarie Peter. Die Tonfiguren, die aussehen, als seien sie aus Bronze, sind auf den Stufen des Chorraumes angeordnet. Das Christuskind breitet die Arme aus – als Willkommensgruß, aber auch bereits im Vorgriff auf den Kreuzestod.

## DIE KRIPPE IN ST. MARIA LYSKIRCHEN

Die Krippe in St. Maria Lyskirchen ist die wohl beliebteste Kölner Kirchenkrippe. Den Besuchern öffnet sich eine liebevoll gestaltete Kulisse, die die Kirche selbst und das sie umgebende Viertel in den 1930er-Jahren darstellt. In wechselnden Bildern kommen die Menschen aus dem Viertel zur Krippe, einem simplen Holzschuppen: das Karnevals-Tanzpaar der Hellige Knäächte un Mägde, der niederländische Heringsverkäufer, das stark geschminkte leichte Mädchen und viele mehr. Auch bekannte Personen kommen vor, allen voran Pfarrer Kirsch, der 1982 den

Anstoß zu dieser Krippe gab. Am 6. Januar ziehen die Sternsinger, die schon den ganzen Advent lang durch die Kirche gewandert sind, zur Krippe. Über allen verkündet der Engel: Üch eß der Heiland jebore! All die Häuser hat es im Viertel wirklich gegeben, und in der Szenerie sind zahlreiche Andeutungen verborgen – von den beiden Juden am Fenster bis zu den blühenden Osterglocken und Alpenveilchen. Jedes Jahr wird außerdem dank des Gestalters Benjamin Marx auf ein aktuelles Thema aufmerksam gemacht. So gibt es hier immer etwas Neues zu entdecken.

## DIE KRIPPE IN ST. AEGIDIUS

Ähnlich wie in St. Maria Lyskirchen wird auch in der Kirche St. Ägidius in Porz-Wahn jedes Jahr eine Krippe mit kölschem Bezug aufgebaut, die sich ebenfalls jedes Jahr ändert und auf aktuelle Themen Bezug nimmt. Die Verbindung zwischen beiden Krippen ist Pfarrer Kirsch, der die Krippe in St. Ägidius 1963 initiierte, bevor er später zu St. Maria Lyskirchen wechselte. Die Krippe in Porz, die erst am Heiligen Abend aufgestellt wird, ist ähnlich beliebt wie ihre Schwesterkrippe auf der anderen Rheinseite. Zusammen mit Maria, Josef und dem Jesuskind bevölkern all die bekannten Figuren aus Knollendorf die Szene – Hänneschen und Bärbelche, Tünnes und Schäl, Schutzmann Schnäuzerkowsky und so weiter. Zum 50. Jubiläum der Krippe erschien 2013 sogar ein Buch, in dem man unter anderem alle Jahresthemen der Krippe noch einmal nachlesen kann.

Als die Pferdebahn noch durchs Tor fuhr:
Gemälde von Jakob Scheiner, 1878.

Während der national-
sozialistischen Herrschaft,
Advent 1934.

Winterlich ver-
schneit, 1960.

# ZWISCHEN den Jahren

Die Zeit zwischen den Jahren eignet sich nicht nur für den Kreppchensjang. Viele nutzen die ersten freien und ruhigen Tage für Verwandtenbesuche, lange Spaziergänge oder einfach zum Ausruhen, denn traditionell haben viele Urlaub genommen. Diese Zeit wird aber auch für eine recht neue Tradition genutzt: das Umtauschen unliebsamer Weihnachtsgeschenke.

Ömtuusche

Der Kreßbaum eß ald halv geropp,
De Kääzcher sin su klein.
Em Höttche sitz dem Thres sing Popp
Ohn Ärmcher un ohn Bein.

De Schluffe sin der Groß so groß
Der Naakspunjel zo lang.
Dem Heinche weed et ohne Froß
Öm singe Schledde bang.

Et Poppehäädche prima klapp.
Buchping hätt manche Panz.
Leddig de Kunjakfläsch vum Papp
Und op de Kreßdagsgans.

Ömtuusche noh de Däg mäht Spaß.
Mer sollt nit schänge dröm.
Gitt et nit vil, wat uns nit paß
Un wat kei Minsch tuusch öm???

*Lis Böhle*

# PROSIT NEUJAHR –

## SILVESTER, NEUJAHR UND ALLERLEI BRÄUCHE

Der Silvesterabend ist da, gute Vorsätze sind gefasst, das neue Jahr kann kommen! Viele Kölner treffen sich zu einem festlichen Essen mit der Familie und Freunden, um dann – nach Bleigießen und rechtzeitig vor Mitternacht – in Richtung Rhein und Brücken zu ziehen. Hier begrüßen sie das neue Jahr vor der wunderschönen Kulisse, wenn das riesige Feuerwerk das Kölner Panorama aus Dom, Groß St. Martin, den Brücken, Kranhäusern und der Arena in ein farbenfrohes Lichtspektakel taucht. Untermalt

wird das Böllern von dem ein oder anderen Schiffshorn – und natürlich vom Läuten des dicken Pitter, der St. Petersglocke im Domgeläut. Traditionell werden mit dem »Krach« die bösen Geister vertrieben und das neue Jahr begrüßt; so war es schon bei den Germanen, die Dreschflegel, Rasseln und Peitschen als Lärminstrumente nutzten. Mit der Erfindung des Schwarzpulvers wurde in Europa mit Gewehren und Pistolen geschossen; teure Feuerwerke blieben zunächst den Königshöfen vorbehalten.

## FLINTEN- UND PISTOLEN-
## SCHÜSSE

In Köln war das Schießen ein alter und gern praktizierter Brauch, der so beliebt war, dass sich der Rat gegen Ende des 17. Jahrhunderts wegen der vielen Unfälle gezwungen sah, das Umherziehen und -schießen in den Stadtvierteln zu verbieten – mit mäßigem Erfolg: Ernst Weyden berichtet in seinem 1862 erschienenen Buch »Köln am Rhein vor fünfzig Jahren« von Schüssen und Glocken, die noch Anfang des 19. Jahrhunderts durch die Silvesternacht hallten, während die »vornehmen Classen« dem neuen Jahr auf Bällen entgegentanzten.

»In der St.-Sylvester-Nacht vom letzten December auf den ersten Januar knatterten an allen Enden der Stadt Flinten- und Pistolenschüsse, an einzelnen Häusern tönten Ständchen, während in den Weinschenken und Bierhäusern um Neujahrs-Bretzeln gekartet und mit dem herzlichsten Jubel das Neujahr begrüßt wurde, tönte von den Thürmchen die zwölfte Stunde den Scheidegruß des alten.

Die vornehmen Classen hatten ihre Bälle, ihre Redouten, doch sollen unsere Großmütter, unsere Mütter nicht darin gewetteifert haben, wo möglich fast im paradiesischen Urzustande unserer Urmutter Eva zu erscheinen. Zucht und Schaam walteten bei solchen Tanzfesten als die jungfräuliche Unschuld schützenden Genien; echt weibliche Züchtigkeit war der Frauen und Jungfrauen schönster und reizendster Schmuck, und die Balltoiletten, wie ich mir sagen ließ, möglichst einfach, es genügte ein schlichtes seidenes oder Mullkleid.«

Während die Damen der Oberklasse also sittsam gefeiert haben, spielten in den Wirtshäusern viele junge Männer Karten um die Neujahrsbrezeln – ein Brauch, der in einigen Regionen im Kölner Umland noch bis in die 1960er-Jahre hinein üblich war. Ursprünglich waren es die Kinder, die am Neujahrsmorgen das sogenannte Neujahrsgebäck von ihren Paten erhielten, damit es sie im neuen Jahr symbolisch vor Krankheit, Unglück und Hunger beschützte.

»Übergroß war die Freude an den einfachen Neujahrsspenden, den Herzen aus Mürbe-, oder aus anderem Teig, buntverziert, mit den gedruckten Neujahrswünschen beklebt, den riesengroßen Bretzeln, mit welchen wir Kinder uns herumschleppten, hatten wir dem ›Patt‹ und der ›Jott‹ und allen Familienmitgliedern das ›jlöksillig Neujohr‹ gewünscht«, berichtet Weyden.

## JLÖKSILLIG NEUJOHR!

Im Gegensatz zu heute hatte im alten Köln der Neujahrstag eine größere Bedeutung als Silvester: »[D]er Neujahrstag, die Fastnacht, die Kirchweihfeste und die Namenstage [wurden] in allen Familien, bei Vornehmen, wie in der Mittelclasse, als wahre Familienfeste gefeiert – die Familie, der eigene Heerd hatten noch ihre heilige Bedeutung. Die Glückwünsche zum ›glückseligen Neujahr‹, zu den ›glückseligen Feiertagen‹ und zu den Namensfesten zu vergessen, hätte der Kölner für eine Sünde gehalten.« Hierbei kam der Brauch des »Neujahrgewinnes« ins Spiel: Jeder wollte dem anderen zuerst ein »Jlöksillig Neujohr« zurufen, denn dann gab es ein Geschenk.

»Welche Anstrengungen wurden nicht gemacht, was wurde nicht aufgeboten, einander das Neujahr abzugewinnen? Jede nur denkbare List wandte man an, selbst die Kirche wurde dazu benutzt, der glückliche Gewinner zu sein. Die ganze Stadt war am Neujahrs-Morgen in fieberhafter Aufregung. Es war ein wirkliches Neujahrsfest, der altherkömmliche Wunsch: ›jlöksillig Neujohr!‹ tönte auf der Straße und in den Häusern, hatte noch seine volle Pietät, war nicht bloß leere Formel. Auf das ›Jlöksillig Neujohr‹ antwortet gar oft das: ›Göv Jott et wöhr wohr!‹ Und wer schildert die Freude, überlistete man einen Bekannten und gewann ihm das Neujahr ab? An solchem Jubel nahmen die Herzen noch Theil.«

Neben den Geschenken für die Familie, die Glück und Reichtum im neuen Jahr verheißen sollten, gehörte auch das Beschenken der Bediensteten noch lange zur Tradition. Dies konnte ein Gebäck oder auch ein Geldgeschenk sein: »Bei Bäckern, Brauern, in den Specereihandlungen erhielten die Dienstleute ihr Neujahr, und jeder, der zu irgend einer Familie in dienstlicher Beziehung stand, wurde mit einem ›Neujöhrchen‹ bedacht. Die ›Neujohrsplaetz‹ vom Bäcker, welche Delicatesse für Jung und Alt in den Bürgerhaushaltungen!« Heute kennen wir solche Aufmerksamkeiten noch in Form von Trinkgeldern für Müllabfuhr und Postboten.

## ZITRONEN FÜR DIE STAMMGÄSTE

Auch in den Wirtshäusern, wo man sich am Neujahrsabend gern versammelte, gab es Geschenke: »Der Abend des Neujahrstages war in den Bierhäusern ein Festabend. Die so genannten Stammgäste erhielten entweder eine Citrone oder eine Muskatnuß als Geschenk zum Bier, auch wohl eine irdene Pfeife und Tabak, wofür dem Burschen oder Zapfjungen ein Neujahr gegeben wurde. Auch die Weinwirthe regalirten ihre Gäste, es gab gewöhnlich ein Tractamentchen, wobei, nach altherkömmlicher Sitte, tüchtig aufgetischt und das beste Fäßchen im Keller auch nicht geschont wurde.«

Geld zu verlangen, beispielsweise in Form von Rechnungen, war dagegen verpönt, wie Weyden schreibt: »Rechnungen zu Neujahr waren im Allgemeinen, besonders in der Mittelclasse, etwas Unerhörtes, ausgenommen vom Doctor und aus der Apotheke. Was sonst gekauft, vom Handwerker gemacht wurde, ward auch baar bezahlt. Der echte Kölner sah in einer Rechnung, einem Laus Deo, wie er sagte einen ›Afjrunt‹ (affront), wirklich etwas Entehrendes.«

# NEUJAHRSBREZEL

Auch heute noch gibt es in vielen Kölner Familien den Brauch, an Silvester Neujahrsbrezeln zu backen, um sie am Neujahrsmorgen mit der Familie und Freunden zu teilen.

**Zutaten:**

500 g Mehl, zusätzlich etwas
mehr für die Arbeitsfläche
30 g Hefe
250 ml lauwarme Milch
60 g Zucker
60 g zerlassene Butter
(Zimmertemperatur)
2 Eier
1 Prise Salz
abgeriebene Schale von
1 unbehandelten Zitrone
1 Eigelb

**Zubereitung:**

**1** Das Mehl in eine Schüssel sieben. In die Mitte eine Mulde drücken.

**2** Die Hefe in die Mulde bröckeln, 2 EL lauwarme Milch, 1 TL Zucker und etwas Mehl vom Rand daraufgeben. Dann zu einem Vorteig vermengen. Abgedeckt an einem warmen Ort 15–20 Minuten gehen lassen.

**3** Die restliche lauwarme Milch (ggf. wieder erwärmen), den Zucker, die zerlassene Butter, die Eier, Salz und den Zitronen-abrieb hinzugeben und mit den Knethaken des elektrischen Handrührgeräts so lange zu einem glatten Teig verkneten, bis er sich vom Schüsselrand löst.

**4** Noch einmal mit den Händen kräftig durchkneten und weitere 30 Minuten abgedeckt an einem warmen Ort gehen lassen, bis er sein Volumen verdoppelt hat.

**5** Auf einer bemehlten Arbeitsfläche erneut durchkneten, ein kleines Stück Teig abnehmen, den Rest erst zu einer langen Rolle, dann zu einer Brezel formen und auf ein mit Backpapier ausgelegtes Backblech legen. Aus dem kleinen Teigstück einen Zopf flechten, diesen auf die breite Brezelstelle drücken. Die Brezellöcher mit zerknüllter Alufolie ausstopfen, die Brezel abdecken und erneut an einem warmen Ort 15–20 Minuten gehen lassen.

**6** Die Brezel mit verquirltem Eigelb bestreichen und im auf 200 °C vorgeheizten Backofen (Ober-/Unterhitze) 25–30 Minuten backen.

ORIGINAL KÖLSCH · ORIGINAL KÖLSCH

Gegen Ende des 19. Jahrhunderts kam der Brauch auf, einander Silvestergrußkarten zu schicken. Sie hatten sich aus Neujahrsbildern mit beweglichen Elementen entwickelt, von denen Weyden berichtet: »Welche Kunstwunder waren für uns Kinder die pariser und nürnberger beweglichen Neujahrswünsche mit ihren Attrapen, wie sie von Weihnachten bis zum 21. Januar, dem Tage der heiligen Agnes, so lange nämlich galten noch die Neujahrswünsche, bei den wenigen Bilderhändlern ausgehängt waren.«

## »THE SAME PROCEDURE AS EVERY YEAR!«

Von den Traditionen und Bräuchen haben sich einige bis in die heutige Zeit bewahrt, während andere sich verändert haben und manche neu hinzugekommen sind. Nur noch in wenigen Familien wird der alte Brauch zelebriert, Linsensuppe als Silvesteressen zu servieren. Mit ihrer runden, flachen Form erinnern die Linsen an Münzen, die im neuen Jahr hoffentlich zuhauf in den Geldbeutel wandern mögen. Bleigießen ist jedoch noch immer ein fester Bestandteil vieler Silvesterfeiern, ebenso das gemeinsame Schauen des Silvesterklassikers »Dinner for One« oder – seit einigen Jahren auch sehr beliebt – die Folge »Sylvesterpunsch« aus der Serie »Ein Herz und eine Seele« mit Ekel Alfred. Und wenn dann um Mitternacht die Glocken läuten und das Feuerwerk den Himmel erleuchtet, wünschen wir uns einen guten Rutsch und prosit Neujahr, womit jeweils ein guter Start und gutes Gelingen für alle Vorhaben gemeint ist. Meist haben wir uns Vorsätze gefasst, für die wir solche Wünsche tatsächlich gut gebrauchen können. Und ist die Nacht vorbei, kommen am Morgen des 1. Januars die Kölner Familien oder Freunde zusammen, um sich die Neujahrsbrezel zu teilen und einander ein frohes neues Jahr zu wünschen.

# GODE VÖRSÄTZ

»Dis Johr, Fräuche, verloß dich drop,
Höt et bei meer me'm Rauche op.
Ich packe kein Pief, kein Zigar mih an
Un och et Suffe gevve ich dran.
Em Kegelklub meld ich mich hück noch av.
Dat koß blus Nüsele, Zick un Kraff.
We wör et met nem Pelzmantel Tring?
Fott met dingem zerzuste Kning.
Ich holle deer ovends de Klütte erop,
Et Holz weed vum Pappa klein geklopp.
Do bruchs dich niht mih dubbelt zu schlon,
Kanns jede Ovend nohm Kino gon.
Ich bränge ent Bett uns Fränzche un Nellche
Un stivvel ding Köchelche we e Kapellche.
Ich läge selver ming Bett morgens us,
Ich träcke de Steen bestemmp nit mih krus,
Wann do mih Hushaltsgrosche wells han.
Ich loore kein andere Frau mih an.
(Dat han ich och suwesu nit gedonn.)
Ich kann jo och morgens zoeesch opston,
Der Kaffee, de Zeidung ant Bett deer bränge.
Un brennt jet an, dun ich nit mih schänge.
Fastelovend weed an der Näl gehange,
De drei jecke Däg ›ald nix‹ gegange.
Un jitz well ich endlich vun deer wesse,
Frau, woför griemels do su geresse??«

★

»Ich wade drop, dat do ding Schnüß ens häls.
Su'ne Hellige Mann, we do wäde wells,
Et üvverhaup en Kölle nit gitt,
Och em Johr 55 nit.
Un doför han ich su lus gelaach:
Ding Vorsätz prima – de Usföhrung schwach.«

*Lis Böhle*

Nicht nur in der Altstadt am Rhein, auch in den Veedeln – hier in Ehrenfeld – wird das neue Jahr standesgemäß mit Böllern und Raketen begrüßt.

# Der kalte Winter 1946/47
## UND EINE GANZ BESONDERE KÖLNER PREDIGT

Am Ende des Zweiten Weltkrieges lag Köln bekanntermaßen in Trümmern. 262 Bombenangriffe hatte die Stadt aushalten müssen. 95 Prozent der Altstadt waren komplett zerstört, und im restlichen Stadtgebiet sah es nicht viel besser aus. Viele Bewohner waren geflohen, nun kehrten die ersten langsam zurück. Es gab kaum Nahrungsmittel und Heizstoff, nur ganz wenige Straßenbahnen fuhren schon wieder, und die anstrengenden Aufräumarbeiten zehrten die Menschen aus. Der Winter 1946 sollte noch schlimmer werden als der vorangegangene: Schon im heißen Sommer zeichnete sich ab, dass die sowieso schon mageren Ernten noch bescheidener ausfallen würden. Im Kölner Stadtrat diskutierte man hilflos über die Lage. Die täglichen Rationen auf den Lebensmittelkarten schrumpften immer weiter; am Ende standen einem Erwachsenen gerade einmal 755 Kalorien am Tag zu.

Ausgerechnet in dieser Situation gab es einen der kältesten Winter des 20. Jahrhunderts. Schon im November wurde es kalt, und im Verlauf des Winters wurden in Köln mehrmals hohe Minustemperaturen gemessen, die auch noch quälend lange anhielten. Der Rhein war auf einer Länge von 60 Kilometern zugefroren. Den Menschen war alles recht, um an etwas zu essen und an Kohlen zu kommen; Tauschhandel und Straftaten blühten. »Ich dachte nichts anderes als: Brot«, sagt eine Figur in Heinrich Bölls »Das Brot der frühen Jahre«. Menschen, die noch nie eine Straftat begangen hatten, rieben nun Bahnschienen mit Schmierseife ein, damit die Bahnen langsam fahren mussten – sodass sie aufspringen und Kohlen aus den Waggons klauen konnten.

Straßenbahn auf dem zerstörten Neumarkt, im Hintergrund St. Aposteln.

Am Zülpicher Platz steckt eine Straßenbahn im Schnee fest, 1955.

Kölner beim »Klüttenklau«, 1946.

Von diesen Zuständen berichtet auch Paul Haentjes aus Lindenthal in seinen Briefen an den in Kriegsgefangenschaft sitzenden Freund Engelbert.

»Köln, den 6. Januar 1947
Lieber Engel!

Auch diesen Brief, den ersten im Neuen Jahr, möchte ich mit meinem Dank an Dich für Deine Zeilen vom 3.12. 1946 beginnen, in denen Du den Empfang des ersten Zeitungspäckchens bestätigst. Es freut mich, dass es Dich trotz aller Schwierigkeiten doch erreicht hat, und ich hoffe, die beiden weiteren Sendungen werden Dich inzwischen auch erfreut haben.

Mit dem heutigen Feiertag endet nun die Reihe der festlichen Tage und der Alltag beginnt wieder in vollem Umfang. Es ist so, wie Du schreibst: die Tage und Wochen fliegen nur so dahin. Ich hoffe, daß Du es in den vergangenen vierzehn Tagen den Umständen entsprechend gut hattest und ein wenig vom Trost des Weihnachtsfestes zu spüren bekamst.

Bei uns herrscht seit gestern wieder eine Lausekälte, -11 Grad sind es heute Morgen! Die Kohlenvorräte schmelzen zusehends. Und die Leute, die auf der Eisenbahn Kohlen stehlen müssen, werden von Tag zu Tag mehr. Kürzlich blockierte an der Zülpicher Straße eine Menschenmenge die Gleise, so daß ein heranfahrender Kohlenzug zum Halten gebracht wurde. Währenddessen stürzen sich weitere Leute auf die Wagen und füllen ihre Taschen und Körbe mit Briketts ... Nur eine kleine Episode, die sich leider tausendfach wiederholt. Auch solche Leute, die früher an so etwas niemals gedacht hätten, klauen mittlerweile Kohlen. Aber wenn sogar Kardinal Frings in seiner Neujahrsbotschaft sagt, wenigstens indirekt, daß bei äußerster Not so etwas erlaubt sei, dann siehst Du, welche Lage hier herrscht. Nur dem Umstand, daß wir noch unseren alten Frechener Briketthändler haben, verdanken wir, daß uns solche Unternehmungen bisher erspart geblieben sind. Aber ganz daran vorbeikommen werden wir wohl auch nicht.«

Die Neujahrsbotschaft, von der im Brief die Rede ist, hatte sich in Köln und darüber hinaus wie ein Lauffeuer verbreitet. Es handelte sich um die Silvesterpredigt des Kölner Kardinals Josef Frings (1887–1978), die er am 31. Dezember 1946 in der Riehler Kirche St. Engelbert gehalten hatte. Darin plädierte er angesichts der verzweifelten Lage vieler Bürger für Milde:

»Wir leben in Zeiten, da in der Not auch der Einzelne das wird nehmen dürfen, was er zur Erhaltung seines Lebens und seiner Gesundheit notwendig hat, wenn er es auf andere Weise, durch seine Arbeit oder durch Bitten, nicht erlangen kann.«

Das verstanden viele als »von oberster Stelle erlaubte« Aufforderung, sich an allem Nötigen einfach zu bedienen. Das dafür verwendete Wort »fringsen« ging in den deutschen Sprachgebrauch ein. Der Erzbischof stand zwar dazu, was er gesagt hatte (er hatte sich den Wortlaut gut überlegt – das geht aus dem schwer leserlichen Manuskript der Rede hervor, das erhalten ist), aber mit so einer durchschlagenden Wirkung hatte er nicht gerechnet. Die Rede ging auch noch weiter, und die folgenden Sätze, so beschwerte er sich, seien zu oft ignoriert worden:

»Aber ich glaube, daß in vielen Fällen weit darüber hinausgegangen worden ist. Und da gibt es nur einen Weg: unverzüglich unrechtes Gut zurückgeben, sonst gibt es keine Verzeihung bei Gott.«

Die britischen Besatzer waren natürlich auch nicht begeistert davon, dass dieser oberste Kirchenmann seine Kölner praktisch zum Stehlen aufrief. Sie bestellten Frings nach Düsseldorf zu einer Unterredung ein. Doch die Briten verspäteten sich, und der Erzbischof beschloss nach einer Viertelstunde des Wartens, einfach zu gehen. Zu seinem Chauffeur soll er damals gesagt haben: »Jetzt schleunigst weg, besser konnte es gar nicht gehen!«

Erzbischof, später Kardinal, Josef Frings, hier 1948 bei der Festansprache zur 700-Jahr-Feier des Kölner Doms.

Freier Blick auf den Dom: der völlig zerstörte Alter Markt im Winter 1945/46.

Von kalten Kölner Wintern berichtet auch Paul Kaufmann in seinen Kindheitserinnerungen aus dem 19. Jahrhundert. Im Gedächtnis geblieben war ihm ein damals im ganzen Rheinland bekannter Exzentriker:

»Am Dreikönigstage eines grimmigkalten Winters hatte der lange vergessene Kölner Gesundheitsapostel Ernst Mahner angekündigt, den mit Eis bedeckten Rhein zu durchschwimmen. Es handelte sich um eine oft wiederholte Probe seiner Kraft und Gesundheit. Den vierschrötigen Mann mit langem wallendem Haar und struppigem Vollbart, der sich in einer nur für die wärmste Jahreszeit passenden Bekleidung auf einer Eisscholle behaglich treiben ließ, könnte ich noch zeichnen.«

Was aus Ernst Mahner geworden ist? Der Arzt Adolf Kussmaul schrieb dazu in seinen Memoiren: »Der Abhärtung ungeachtet, hat er kein hohes Alter erreicht. Verkommen im Elend, starb er im städtischen Hospital zu Konstanz.«

Die Hohenzollernbrücke über dem von Eisschollen bedeckten Rhein im kalten Winter 1953/54.

## UND HEUTE?
## WEIHNACHTSSPAZIERGANG AM MONT KLAMOTT

Wenn in Köln mal Schnee liegt, lädt der bewaldete Herkulesberg
(»Mont Klamott«) zu besinnlichen Winterspaziergängen ein.
Die Erinnerung an den Krieg und den kalten Winter 1946 ist
an diesem Hügel immer zugegen, besteht er doch zu einem
großen Teil aus Kölner Kriegstrümmern.

# DREI KÖNIGE FÜR KÖLN

Was wäre Köln ohne seinen Dom? Und was wäre der Dom ohne seine Heiligen Drei Könige, die Kölner Stadtpatrone? Zumindest letztere Frage lässt sich einigermaßen leicht beantworten: Wahrscheinlich wäre er nicht da – jedenfalls nicht in seiner heutigen Gestalt, für die am 15. August 1248 der Grundstein gelegt wurde. Der Kölner Erzbischof und gleichzeitige Reichskanzler Rainald von Dassel hatte nach der Einnahme des nach Selbstständigkeit strebenden Mailands durch die Truppen Kaiser Friedrich Barbarossas 1162 die in der Kirche Sant' Eustorgio konfiszierten Reliquien der Könige als Kriegsbeute erhalten. Am 23. Juli 1164 brachte er sie der Legende nach durch das Dreikönigenpförtlein nach Köln. Das nicht mehr erhaltene romanische Tor markierte den südlichen Eingang zum Stiftsbezirk von St. Maria im Kapitol. Heute steht an seiner Stelle zwischen Lichhof und Marienplatz ein gotisches Tor, das der Kölner Ratsherr Johannes Hardenrath 1460 neu hatte errichten lassen.

## DER DOM IM ZEICHEN DER HEILIGEN DREI KÖNIGE

Die Heiligen Drei Könige Caspar, Melchior und Balthasar, die Weisen oder Magier des Morgenlandes, waren dem Stern aus dem Morgenland bis nach Bethlehem gefolgt und hatten dem Christuskind ihre Geschenke Gold, Weihrauch und Myrrhe überbracht.

Das Dreikönigenpförtlein: In den drei linken, typisch gotischen Spitzbögen erkennt man die Heiligen Drei Könige, die das Jesuskind auf Marias Schoß im rechten Bogen anbeten.

Der zweite König der Kölner Stadtkrippe, die seit 1997 auf dem Roncalliplatz aufgestellt wird, zeigt zum Stern des Vierungsturms vom Kölner Dom, der ihm den Weg zum Christuskind weisen soll.

Sie waren also die Ersten gewesen, die vor Christus niedergekniet und ihm als Himmelskönig gehuldigt hatten. Ihre kostbaren Reliquien machten Köln deshalb zu einer der großen europäischen Wallfahrtsstätten, und die Pilger kamen bald in Scharen. Rasch wurde der 870 geweihte »Alte Dom« zu klein, um sie alle aufzunehmen, und eine prächtige Kathedrale wurde geplant: Sie sollte ein Abbild des Himmels auf Erden sein und den Gebeinen der Heiligen Drei Könige als steinernes Reliquiar dienen.

Zahlreiche Orte im Dom spielen darauf an, zum Beispiel das Dreikönigenportal (19. Jahrhundert) des Nordturms, das bereits beim Betreten des Doms auf den Schatz in seinem Inneren verweist. Auch der Stern von Bethlehem, der den Heiligen Drei Königen den Weg zur Krippe gewiesen hat, findet sich wieder: Er schmückt

als würdevolles Zeichen die Amtskette der Kölner Domherren. Und der Vierungsturm des Kölner Doms wird von einem Stern anstelle eines sonst üblichen Kreuzes bekrönt. Er markiert zugleich den geografischen Mittelpunkt Kölns und verweist auf die Gebeine der Heiligen Drei Könige im Inneren.

Genau unter jenem Vierungsturm, dem Schnittpunkt von Lang- und Querhaus des Doms, sollte nach den Ursprungsplänen der Schrein mit den Reliquien stehen. Wegen des jahrhundertelangen Baustopps wurde 1322 jedoch die Dreikönigenkapelle, die Achskapelle im fertiggestellten Domchor, zum ersten Standort, die 1330/40 mit dem Dreikönigenfenster ausgestattet wurde. Der lothringische Goldschmied Nikolaus von Verdun schuf den Dreikönigenschrein mit seinen Schülern und Nachfolgern ab circa 1190 bis um 1220. Der 2,20 Meter

Die im Drei-
königenschrein
verwahrten
Reliquien der
Heiligen Drei
Könige (Bild
oben) zogen
sogar Pilger
aus Schweden
an, wie dieses
Pilgerzeichen
(rechts) aus dem
14. Jahrhundert
zeigt, das im
Alten Hafen von
Kalmar/Schweden
gefunden wurde.

lange, 1,53 Meter hohe und 1,10 Meter
breite goldene Schrein hat die Form einer
dreischiffigen Basilika und ist mit kostbaren
Steinen sowie plastischen Heiligenfiguren
geschmückt. Er gilt als künstlerisch be-
deutendstes Reliquiar des Mittelalters.

Jahrhundertelang herrschte ein reges
Treiben im Domchor: Pilger von nah und
fern kamen (und kommen noch heute)
und hielten ihre Dreikönigszettel (Papiere
mit dem Signet C+M+B), Rosenkränze,
Medaillons und andere Devotionalien an
den Schrein, damit Heil und Segen der
Reliquien sich darauf übertrügen und auch
den Pilgern zugutekämen. Zudem verkaufte Köln als Wallfahrtsort Pilgerzeichen aus
einer Blei-Zinn-Legierung in Medaillen-
form, die als Beweis für die vollbrachte
Wallfahrt dienten und an Hut oder Gewand
angenäht werden konnten.

Doch waren es nicht nur die einfachen
Christen, die nach Köln kamen. Bis ins
16. Jahrhundert hinein pilgerten die frisch
in Aachen gekrönten deutschen Könige
zum Dom und knieten vor dem Dreikönigenschrein nieder, um zu beten, denn die
Heiligen Drei Könige galten in der mittelalterlichen Vorstellungswelt als Vorbild aller
Könige schlechthin.

## DIE KIRCHE UND IHRE DREIKÖNIGSBRÄUCHE

Köln baute seinen Ruf als »hillige Stat van Coellen« immer weiter aus. Schon früh entstanden die ersten Legenden über die Heiligen Drei Könige. Eine der berühmtesten ist die »Historia Trium Regnum«, die Johannes von Hildesheim 1364 zum 200-jährigen Jubiläum der Reliquientranslation verfasste. Mit seiner Erzählung beeinflusste er das Mittelalter und weitere Legendensammlungen. Weil die Legenden besagten, dass die Heiligen Drei Könige die Krippe erst am 13. Tag nach Jesu Geburt erreichten, entwickelte sich der 6. Januar zum Dreikönigstag. An diesem Tag wurde in Dreikönigsprozessionen die Anbetung der Heiligen Drei Könige von verkleideten Menschen dargestellt, die einem vor ihnen hergetragenen Stern von Bethlehem folgten. An der Prozession im Dom nahmen alle Kölner Kleriker sowie städtische Repräsentanten teil, die die Dreikönigsreliquien mit sich führten. Gemeinsam feierte man eine Messe. Ab dem 13. Jahrhundert wurde das Dreikönigsspiel Teil des liturgischen Brauchtums. Gespielt wurde die Reise der Könige nach Bethlehem inklusive ihrer Begegnung mit Herodes, die Anbetung des Christuskindes an der Krippe sowie der Traum der Magier von einem Engel, der ihnen eine sichere Heimreise versprach.

Auch die in den Kirchen aufgestellten Krippen spiegeln diese Reise wider: Erst am Dreikönigstag erreichen die Figuren der Heiligen Drei Könige die Krippe – zuvor »ziehen« sie durch die Kirche und sind an verschiedenen Stellen zu sehen.

Teil der Liturgie war außerdem das Dreikönigswasser: Als Erinnerung an die Taufe Jesu im Jordan brachten die Menschen Wasser in offenen Gefäßen mit in die Kirchen, wo es während der Messe am Dreikönigsabend geweiht wurde. Später segneten sie damit ihr Haus. Eine andere Form der Haussegnung bestand in dem Namenskürzel C+M+B für Caspar, Melchior und Balthasar. Dieses wurde am Dreikönigsabend mit weißer Kreide an den Türbalken des Hauses geschrieben, um so die Dämonen fernzuhalten und das Haus und seine Bewohner vor Unheil zu schützen. Dann ging man mit Weihrauch durch das Haus und sprach Gebete. Noch bis zum Zweiten Weltkrieg war es der Hausherr, ein Geistlicher oder der Bohnenkönig (siehe unten), der das Zeichen an die Türstürze von Häusern, Ställen und auch einzelnen Räumen anbrachte.

## HAUSBRÄUCHE RUND UM DIE HEILIGEN DREI KÖNIGE

Die Macht der Heiligen Drei Könige galt bei den Menschen als unerschöpflich. Sie riefen sie deshalb bei Krankheiten an, baten sie um die Abwehr von Unglück und Dämonen, um die Vertreibung des Teufels und um Schutz – zunächst auf (Pilger-)Reisen, dann auch für Haus und Hof bei Feuer und schlechtem Wetter. Auch entlaufene Tiere konnten mit Hilfe der Könige wieder eingefangen und Verlorenes wiedergefunden werden. Abgeleitet wurde diese Macht aus den drei Namen Caspar, Melchior, Balthasar, deren Kürzel, das Dreikönigszeichen C+M+B, quasi Zauberkräfte zugesprochen wurden. Bis in die Neuzeit hinein nahmen diese Bräuche teils abergläubische Züge an.

Häufig drehte es sich bei den Bräuchen um die Verheißung von Glück wie bei der Wahl des Königs am Dreikönigsabend. Durch Losbriefchen wählte man am 5. Januar aus den Familienangehörigen und dem Gesinde den Hauskönig, dem die Königin und ein Hofstaat zur Seite standen. Zum Hofstaat zählten Kanzler und Kanzlerin, Schenk und Schenkin, Hofmeister und Hofmeisterin sowie Narr und Närrin. Hermann von Weinsberg wurde das Glück, König für einen Tag zu sein, zweimal zuteil, wie er in seiner Chronik berichtet:

»Anno 1552 den 5. jan. uff der hilliger drei konink abent bin ich under dem raithaus under der frauwen und gesinde durch das loss konink im haus worden, wie in allen heusern in Coln sulchs pleicht zu geschein, und diss gefeil mir seir wol, dan ich war an vil jaren nehe konink worden, darumb hilt ich folgens den 24. jan. min koninksessen und waren frolich.«

Warum Weinsberg sich so sehr über seine Wahl freute, erklärt Paul Kaufmann in seinen Erinnerungen »Mein rheinisches Bilderbuch« 1936: »Die Wahl zum König galt nach dem Volksglauben als glückverheißend für das kommende Jahr. Sie fand gegen Abend statt und ihr folgte dann das Königsessen, bei dem die Gewählten in ihrer Würde in Erscheinung traten und entsprechende Lieder gesungen wurden, von denen eines begann: ›Der konink drinkt.‹«

Die Hofämter hat Weinsberg vor seiner zweiten Wahl 1583 auf den Losbriefchen in Reimen beschrieben. Für den König galt: »Wa ich mich selbst regieren fein, so mach ich wol ein konink sein«, für den Kanzler reimt er: »Besonnen schreib ich so mein

breiff, das man zank meit und hab sich leiff« und für die Schenkin: »Gut wein gibt freut und ist gesont, doch nit uiss groisser glaser gront.«

Studenten übernahmen diesen Brauch und kürten in ihren Bursen einen aus ihrer Mitte zum König. Darauf zogen sie auf einem Heischegang von Haus zu Haus und baten um Gaben zur Bestreitung ihres Lebensunterhaltes.

Eine andere Möglichkeit, den (Bohnen-) König zu wählen, waren die Königskuchen, in denen eine Bohne, Münze oder Ähnliches eingebacken war. Wer diese fand, war der Bohnenkönig, bekam eine Krone und richtete das Bohnenfest am Dreikönigstag aus. Es bestand aus einem Maskenfest mit verteilten Rollen, aus dem sich ein karnevalistischer Maskenball entwickelte. Noch bis zum Anfang des 20. Jahrhunderts luden die Karnevalsgesellschaften zum »Bunneball« am 6. Januar, auf dem die Bohnenkönigin gewählt wurde.

Diese Traditionen wurden in Köln noch lange als Kinderfest fortgeführt, wie Paul Kaufmann schreibt: »Der Dreikönigskuchen wurde in einer Kindergesellschaft zerschnitten, bei welcher der Christbaum noch einmal angezündet wurde, um tags darauf seines Schmuckes beraubt, wie es hieß, ›geplündert‹ zu werden. Unsere beliebtesten Spiele bei diesem Fest waren: ›Adam hatte sieben Söhne‹, ›Wir reisen nach Jerusalem‹ und ›Die Herren von Nonnefei‹.«

Die Heiligen Drei Könige sind in St. Maria im Kapitol unterwegs zur Krippe.

Als Form des Krippenspiels wurden die Dreikönigsspiele ab dem 13. Jahrhundert aufgeführt und im Zuge der Aufklärung im 18./19. Jahrhundert aus der Kirchenliturgie herausgelöst. Es entwickelte sich das Puppentheater, und der älteste König, Caspar, wurde zum Kasperle, dem Helden und Kinderfreund. Im Kölner Puppentheater findet sich das Hänneschen als Pendant zum Kasperle, das in der Adventszeit auch immer wieder in Kölner Krippen zu sehen ist und so an seine alten Wurzeln erinnert, wie hier in der Hänneschen-Krippe am Neumarkt.

Zum 850-jährigen Jubiläum der Reliquientranslation der Heiligen Drei Könige nach Köln fertigte die Künstlerin Sonja Alhäuser eine Eins-zu-eins-Kopie des Dreikönigen- schreins aus Schokolade, die im Schokoladenmuseum ausgestellt wurde. Sie besteht aus 300 Kilogramm Zartbitter-, Vollmilch- und weißer Schokolade und hat die Originalmaße von 1,10 Meter Breite, 1,53 Meter Höhe und 2,20 Meter Länge.

## DIE STERNSINGER KOMMEN

Über die Jahre haben sich bestimmte Bräuche verändert oder sind miteinander verschmolzen. Bestes Beispiel ist das Sternsingen, bei dem seit dem 15. Jahrhundert als Heilige Drei Könige verkleidete Kinder – ähnlich wie in der kirchlichen Dreikönigsprozession – einem Stern durch die Straßen folgen. Singend ziehen sie von Haus zu Haus und bitten um Gaben, ein Brauch, der auch von Studenten übernommen wurde. 1939 verboten die Nationalsozialisten das Sammeln von Geld- oder Sachspenden durch katholische Vereine – somit auch das Sternsingen. Joseph Klersch, der von 1946 bis 1958 das Amt für Kölnisches Volkstum der Stadt Köln leitete, setzte sich mit Hilfe des Rundfunks und der Dreikönigenkantorei für eine Wiederbelebung ein: Seit 1959 ziehen die Sternsinger wieder durch die Straßen und erteilen den Haussegen C+M+B plus Jahreszahl, der seitdem als »Christus Mansionem Benedicat« – »Christus segne dieses Haus« – gedeutet wird. Anders als bei den ursprünglichen Heischegängen sammeln sie nun Spenden für bedürftige Kinder. Organisiert wird das inzwischen vom Kindermissionswerk »Die Sternsinger«. Während die Kinder umherziehen, singen sie Sternsingerlieder. Von Joseph Klersch ist ein eigenes Dreikönigslied überliefert, das er der Dreikönigskantorei widmete und das von Pfarrer Karl Pörtner vertont wurde.

## Die hellige drei Künninge singe

Meer kummen her vun hinger fän,
se dragen uns värop dä Stän,
dä Stän, dä uns zom Kind gefoht,
dä Stän, op dä die Welt no lot,
Chrestus.

Meer singen üch en oralt Leed,
e Leed, wat lang noch klinge weed.
Dat klingk wahl bis zom jüngsten Dag,
bis widderkütt en aller Maach
Chrestus.

Meer sin ald Woche lang op Rett,
Meer brängen och uns Offer met;
en Offer för dat Kind em Stall,
wat weed zum Offer för uns all,
Chrestus.

Meer bruche noch der Offer vill,
dröm dot uns jet bei unser Spill,
dann drage meer en't fänste Land
dä Stän, dä meer zoeesch erkannt,
Chrestus.

*Joseph Klersch*

Die Sternsinger-
aktion wird im Dom
eröffnet.

# MARIÄ LICHTMESS
## DAS ENDE DER WEIHNACHTSZEIT

In der katholischen Kirche markiert der 2. Februar das Ende der Weihnachtszeit. Es ist der 40. Tag nach Weihnachten, gerechnet vom 25. Dezember. Nach dem mosaischen Gesetz durfte Maria erst an diesem Tag einen Tempel betreten, um sich nach der Geburt Jesu zu reinigen. Außerdem musste der Erstgeborene jeder Familie nach diesem Gesetz innerhalb dieser Frist in den Tempel gebracht werden, um ihn als Opfer auszulösen. Der greise Simeon und die Prophetin Hanna erkannten in Jesus während dieser Zeremonie »das Licht, das die Heiden erleuchtet«.

Zu Mariä Lichtmess fand in den Kirchen eine Lichterprozession statt, und während der Gottesdienste wurden all die Kerzen geweiht, die eine Familie in Zeiten ohne Elektrizität im Jahr benötigte. Hermann von Weinsberg notiert hierzu in seinem Tagebuch: »Anno 1565 den 2. febvarii lichtmiß s. Jacob gewest kertzen untfangen, und war uff dissen tag schir so bitterkalt wie uff christmiß, es herden die kelt vur und nach wreitlich.« Üblicherweise wurden dafür Anfang Februar Wachs- und Kerzenmärkte veranstaltet: die Lichtermessen.

Zu Hause gab es als Festgebäck dünne Pfannkuchen, die im Rheinland Kreppchen hießen – in Anlehnung an die französischen Crêpes. Schaffte es die Köchin, das erste Kreppchen durch Werfen in der Pfanne zu wenden, bedeutete das Geld für das gesamte Jahr. Genauso wie viele wei-

tere sind diese Bräuche inzwischen vergessen. Einzig die Tradition, den Weihnachtsbaum erst am 2. Februar abzuschmücken, hat sich in einigen wenigen Gegenden gehalten. Übrigens auch in der Kölner Weihnachtsstraße, wo der kleinste Baum seine Lichterkette bis Mariä Lichtmess trägt (siehe Seite 119).

# LITERATURVERZEICHNIS

Becker-Huberti, Manfred: Der heilige Nikolaus. Leben, Legenden und Bräuche, Köln 2005.

Becker-Huberti, Manfred: Die Heiligen Drei Könige. Geschichten, Legenden und Bräuche, Köln 2005.

Böhle, Lis: Bref an de hellige Barbara/Der hellige Mann kütt/Gode Vörsätz/Ömtuusche/Wunschzeddel, in: Jeck op Kölle, Köln 1955.

Bühren, Ralf van: »›Porta fidei salutisque‹. Der Bildzyklus der romanischen Türflügel in St. Maria im Kapitol zu Köln«, in: Anuario de Historia de la Iglesia 22, 2013, S. 175–189.

Diederichs, Ulf: Das Große Kölner Weihnachtsbuch, Köln 1993.

Döring, Alois: Rheinische Bräuche durch das Jahr, Köln 2006.

Fährmann, Willi: Seenotlegende Nikolaus. cbj Verlag, München 2011.

Fritz, Astrid: Wie der Weihnachtsbaum in die Welt kam, Reinbek 2013.

Gröbe, Volker: »Wunderschöner Lichterbaum«, in: Kölner Weihnachtsbuch, Pulheim 1989, S. 123–125.

Haentjes, Paul: Lieber Engel ... Briefe und Bilder aus Köln 1946–48, Hamburg 2010.

Hansen, Hans-Jürgen: Zur Freundschaft zählt ein frohes Herz. Ein autobiografisches Gespräch mit Ludwig Sebus, Lohmar 2013.

Heizmann, Berthold: Von Apfelkraut bis Zimtschnecke. Das Lexikon der rheinischen Küche, Köln 2011.

Jenniches, Jean: Dä Niklos bei d'r Familije Quanz! Greven Verlag, 1979.

Kaltwasser, Ute: Heiliges Köln – sündiges Köln: glanzvolles Mittelalter, Köln 1985.

Kaufmann, Paul: Mein rheinisches Bilderbuch, Berlin 1936.

Kintgen, Peter: in: Gundel Paulsen (Hrsg.): Weihnachtsgeschichten aus Köln, Husum 1980, S. 33–34.

Klersch, Joseph: »Weihnachten im alten Köln«, in: Die Weihnachtskrippe, Landesgemeinschaft der Krippenfreunde 1960.

Kürten, Franz Peter: »Adventszick kütt«, in: Kölner Weihnachtsbuch, Pulheim 1989, S. 20.

Kussmaul, Adolf: Jugenderinnerungen eines alten Arztes, Stuttgart 1899.

Leson, Willy (Hrsg.): So lebten sie im alten Köln, Köln 1974.

Plum, Yvonne und Thomas: Kölner Krippengänge, Köln 1996.

Sammlung der für die Stadt Köln erlassenen Polizeiverordnungen, Köln 1856.

Sarnetzki, Detmar Heinrich: »Christmette im Kölner Dom«, in: Gundel Paulsen (Hrsg.): Weihnachtsgeschichten aus Köln, Husum 1992, S. 60–62.

Schäfke, Werner (Hrsg.): Heinz Kroh, Kölner Leben – Von Herz und Seele einer Stadt, Köln 2008.

Schneider, Albert: »Zinter Klos«, in: Kölner Weihnachtsbuch, Pulheim 1989, S. 41.

Wallraff, Max: »Um den Dom im Dämmerschein«, in: Gundel Paulsen (Hrsg.): Weihnachtsgeschichten aus Köln, Husum 1992, S. 5.

Weyden, Ernst: Köln am Rhein vor fünfzig Jahren. Sittenbilder nebst historischen Andeutungen und Sprachlichen Erklärungen, Köln 1862.

Wrede, Adam: Rheinische Volkskunde, Heidelberg 1922.

Ziegler, Wolfram: »Studien zur staufischen Opposition unter Lothar III. (1125–1137)«, in: Concilium medii aevi, Bd. 10 (2007), S. 77–111.

## INTERNETSEITEN

http://jerusalem.cef.fr/de/koeln-gross-sankt-martin

http://marx-koeln.jimdo.com

www.brauchtum.de/fruehjahr/marialichtmess_2.html

www.citynews-koeln.de/weihnachten-suedstadt-feuerzangenbowle-koeln-schlock-vorweihnachtszeit-_id11382.html

www.deutz-dialog.de/2014/12/03/tuerchen-2-skurilli-vom-balkon

www.domradio.de/themen/advent/2014-11-25/der-adventskranz-wurde-vor-175-jahren-hamburg-erfunden

www.ekd.de/advent_dezember/start.html

www.ekd.de/aktuell/85545.html

www.erzbistum-koeln.de/thema/adventmitspielkonzert/st-agnes/texte_und_noten/ und www.erzbistum-koeln.de/thema/adventmitspielkonzert/koelner-dom/texte_und_noten/

www.koeln.de/koeln/nachrichten/koeln_kompakt/hohe_strasse_wegen_ueberfuellung_geschlossen_395248.html

www.koeln.de/tourismus/weihnachtliches_koeln/weihnachtsmaerkte/weihnachtsmaerkte_in_den_stadtteilen_386656.html

www.koeln-deutz.de/News-1.-Lebendiger-Adventskalender-von-Deutzern-f%C3%BCr-Deutzer_2250.html

www.koelner-krippenweg.de

www.koelner-philharmonie.de/media/content/veranstaltung/programmheft/2013-12-14.pdf

www.koelner-wochenspiegel.de/rag-kws/docs/1003023/ehrenfeld

www.ksta.de/innenstadt/-neuer-weihnachtsmarkt-am-chlodwigplatz,15187556,29096906.html

www.ksta.de/koeln/-ludwig-sebus--ich-will-nicht-noch-mit-120-rumhampeln-,15187530,25512830.html

www.ksta.de/koeln/philarmonie-sebus--letzte-koelsche-weihnacht,15187530,25631492.html

www.ksta.de/koeln/weckmann-nur-echt-mit-der-pfeife,15187530,12820328.html

www.ksta.de/koeln/weihnachtsmaerkte--touristen-lassen-mehr-als-200-millionen-euro-in-koeln,15187530,25712536.html

www.lossmersinge.de/?p=9393

www.mittelalterlicher-markt-siegburg.de/web/mittelalterlicher_markt

www.partytimes.de/de-de/veranstaltungen/nordrhein-westfalen/k%C3%B6ln/Ehrenfelder+Lichterfest+auf+-dem+Lenauplatz+von+14.00+-+18.00Uhr.html

www.sankt-peter-koeln.de

www.weihnachtsmarkt-altstadt.de

www.weihnachtsmarkt-deutschland.de/weihnachtsmarkt-siegburg.html

www.weinsberg.uni-bonn.de/Edition/Liber_Iuventutis/LI6.HTM

www.weinsberg.uni-bonn.de/Edition/Liber_Iuventutis/Liber_Iuventutis.htm

www.weinsberg.uni-bonn.de/Edition/Liber_Senectutis/Liber_Senectutis.htm

## AUTORINNEN UND FOTOGRAFIN

**Christina Kuhn,** Jahrgang 1978, studierte Geschichte, Theater-, Film- und Fernsehwissenschaft und Germanistik und arbeitete anschließend in einem Verlag. Seit 2004 ist sie als freie Lektorin und Texterin für Verlage und Agenturen tätig.

**Katrin Höller,** Jahrgang 1974, lebt seit 1994 in Köln. Sie studierte Anglistik, Kunstgeschichte, Politik und Skandinavistik, arbeitete in verschiedenen Verlagen und ist heute freie Autorin, Übersetzerin und Lektorin.

**Manuela Jung,** 1979 in Köln-Ehrenfeld geboren, war nach ihren Ausbildungen zur Fotolaborantin und Fotografin für Film und Fernsehen tätig. Heute arbeitet sie als Fotografin im Bereich Produktfotografie.

## BILDNACHWEIS

Sofern nicht anders angegeben, stammen alle Bilder von Manuela Jung, bis auf:

Bilderbuch Köln (BBK): S. 19, 108 (oben, unten), 109 (rechts, Mitte, unten), 156 (unten), 167 (oben rechts, Mitte), 169;

Bundesarchiv: S. 156 (Mitte) © Bernd Settnik;

Deutsche Post DHL: S. 91;

Dombauhütte Köln: S. 14, 36 © Matz & Schenk, 144 (links) © Dombauhütte Köln, 176 (oben) © Matz & Schenk, 176 (rechts) © M. Unkelbach;

Emons: S. 54/55; 136/137 Rezept Wärmer Äädäppelschlot: Inge Habermann und Katrin Föhr;

Erzbistum Köln: S. 82 © Johanna Heckeley; S. 83 © Pia Modanese, 184/85 © PEK, Michael Kasiske;

Foto Lambertin: S. 26, 27, 31, 117, 130 (Mitte), 162, 167 (oben links, unten);

Fotoarchiv Ruhr Museum: S. 13 © Anton Tripp;

Fotolia: S. 2 (Mitte) © vavavka, 8 © Thomas Ramsauer, 11 (oben) © donnadilanga, 24 © vavavka, 29 © Wanja Jacob, 42 © pix:sell, 66 © francescodemarco, 87 © GAP artwork cologne, 147 © Heinz Waldukat, 150 © Aleksandra Smirnova, 187 (oben) © donnadilanga, 189 (Mitte) © vavavka;

Jakobeit, Elke: S. 88, 130 (unten);

Meingast, Rudolf: S. 33, 100 (oben und Mitte), 107, 108 (Mitte), 129, 130 (oben), 170/171;

picture alliance: S. 15 (oben), 30 © Henning Kaiser, 51;

Rheinisches Bildarchiv: S. 46, 101, 109 (oben), 138, 156 (oben);

shutterstock: S. 53 (oben), 89, 98 (oben), 100 (oben links), 111, 128 (oben), 133 (oben) © Pim

Sittig, Jürgen: S. 93;

Wikipedia: S. 10, 145 (rechts).

Cover: Engelabbildung aus dem Bogen 7374 mit freundlicher Genehmigung der Firma Ernst Freihof GmbH

Der Verlag dankt allen Bildgebern ganz herzlich für die Bereitschaft, dieses Buchprojekt mit umfangreichem Bildmaterial unterstützt zu haben. Der Verlag und die Autorinnen haben sich um die Rechteeinholung bemüht. Nicht in allen Fällen ist uns dies gelungen. Sollten Rechte geltend gemacht werden, bitten wir die Rechteinhaber sich mit dem Nachweis direkt an den Verlag zu wenden.

**Bibliografische Information der Deutschen Nationalbibliothek**
Die Deutsche Nationalbibliothek verzeichnet diese Publikation in der Deutschen Nationalbibliografie; detaillierte bibliografische Daten sind im Internet über http://dnb.d-nb.de abrufbar.

© 2016 Emons Verlag GmbH
Alle Rechte vorbehalten

**Lektorat und Bildredaktion:** Ulrike Burgi, Köln
**Innen- und Umschlaggestaltung und Satz:** Katrin Krengel, Kassel
**Druck und Bindung:** Belvédère B.V., Printed in Slovakia

ISBN 978-3-95451-697-1

Unser Newsletter informiert Sie regelmäßig über Neues von emons:
kostenlos bestellen unter **www.emons-verlag.de**